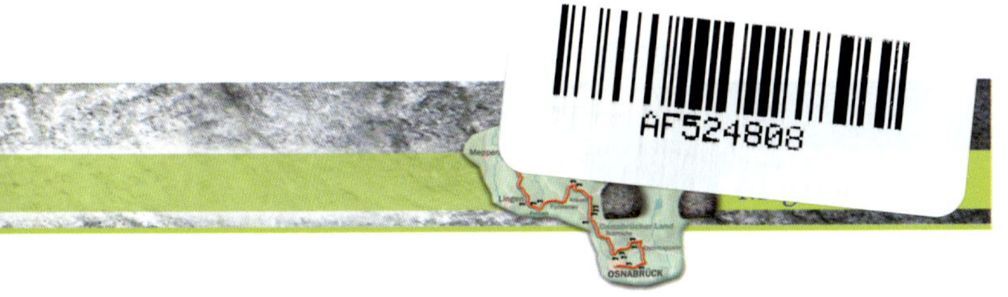

Annette Bußmann

STEINZEITZEUGEN

Reisen zur Urgeschichte Nordwestdeutschlands

Herausgegeben von der

Arbeitsgemeinschaft Straße der Megalithkultur:

Emsland Touristik GmbH, Oldenburg Tourismus und Marketing GmbH, Planetarium Osnabrück im Museum am Schölerberg, Stadt- und Kreisarchäologie Osnabrück, Tourismusverband Osnabrücker Land e.V., Zweckverband Naturpark Wildeshauser Geest

ISENSEE VERLAG
OLDENBURG

Autorin

Dr. Annette Bußmann ist Kunsthistorikerin und seit einem Irland-Aufenthalt in früher Kindheit von den europäischen Megalithkulturen beeindruckt. Sie war u.a. mitverantwortlich für das Projekt *„Faszination Archäologie. Mystische Routen rund um die Steinzeit“* des Zweckverbandes Naturpark Wildeshauser Geest.

Umschlaggestaltung

Jürgen Püschel, 26122 Oldenburg

2. aktualisierte Auflage 2017

Bibliografische Information Der Deutschen Bibliothek

Die Deutsche Bibliothek verzeichnet diese Publikation in der Deutschen Nationalbibliografie; detaillierte bibliografische Daten sind im Internet über <http://dnd.ddb.de> abrufbar.

ISBN 978-3-89995-619-1

Gedruckt bei Isensee in Oldenburg

Inhaltsverzeichnis

DÄNEMARK
Kiel
Schwerin
Hamburg
Oldenburg
Bremen
NL
NIEDERSACHSEN
POLEN
Meppen
Berlin
NIEDERLANDE
Hannover
Potsdam
Osnabrück
Magdeburg
Düsseldorf
Dresden
Erfurt
BELGIEN
Wiesbaden
Mainz
LUXEMBURG
DEUTSCHLAND
TSCHECHISCHE REPUBL
Saarbrücken
Stuttgart
München
FRANKREICH
SCHWEIZ
ÖSTERREICH

VORWORT

Tief im Nordwesten der Republik, zwischen Osnabrück und Oldenburg, Meppen und Wildeshausen, trifft man auf beeindruckend viele Großsteingräber. Im Volksmund Hünengräber, in Fachkreisen Megalithgräber (mega = groß, lithos = Stein) genannt, entstanden die faszinierenden Stätten während der Jungsteinzeit (Neolithikum), etwa zwischen 3500 und 2800 v. Chr. Sie zählen zu den ältesten erhaltenen Bauwerken Europas und wurden sogar noch vor den ägyptischen Pyramiden (ca. 2600–1600 v. Chr.) errichtet.

Begehrt, verklärt, zerstört

Heute findet man in Nordwestdeutschland weit mehr als 100 Großsteingräber. Gleichwohl handelt es sich dabei nur um einen Bruchteil, wahrscheinlich um 5–10% des ursprünglichen Bestandes. Denn so betört sich die Menschheit von den jungsteinzeitlichen Meisterwerken zu allen Zeiten zeigte, so sehr setzte sie sie brutaler Zerstörung aus. Woraus aber resultierte dieser zwiespältige Umgang? Wieso erdachte man einerseits geheimnisvolle Sagen, Erzählungen, Gedichte und Geschichten zu den prähistorischen Bauwerken, skizzierte, aquarellierte und fotografierte sie, um sie andererseits mutwillig zu zerstören? Wieso überhaupt finden sich so viele Großsteingräber zwischen Weser und Ems, nicht aber im Süden der Republik? Wer waren die Erbauer und wie muss man sich deren Lebensalltag vorstellen? Wie gelang es ihnen, die tonnenschweren Steine übereinander zu schichten? Diesen und anderen Fragen geht das Buch in einem ersten Teil nach. In einem zweiten Teil begibt es sich mit Ihnen gemeinsam auf die *Straße der Megalithkultur*.

Straße der Megalithkultur

Auf einer Strecke von rund 330 km führt Sie die *Straße der Megalithkultur* zu den wichtigsten erhaltenen Zeugnissen der Urgeschichte Nordwestdeutschlands. 33 Stationen verbinden über 70 prähistorische Sehenswürdigkeiten von überregionalem Rang – unter ihnen die einzigartigen Osnabrücker Karlsteine (→ 7), die Hoogen Steener (→ 20a), deren Kammer als längste erhaltene Niedersachsens gilt, und der Visbeker Bräutigam (→ 24a), seines Zeichens längstes niedersächsisches Hünenbett. Weitere Höhepunkte bilden die Großsteingräber bei Hekese (→ 10a) mit einer außergewöhnlichen Steinreihe, die berühmte Hünengräberstraße des Hümmlings (→ 16) und natürlich der größte bronze- und eisenzeitliche Friedhof des nördlichen Mitteleuropa, das Pestruper Gräberfeld (→ 26). Ergänzend bietet Ihnen der Band einen Überblick zu den wichtigsten Sehenswürdigkeiten außerhalb der Prähistorie sowie Anfahrtsbeschreibungen zu den einzelnen Stationen. Passendes Kartenmaterial und weitere Details - auch zur „Radroute der Megalithkultur", der 391 km langen Radlerversion - finden Sie unter www.strassedermegalithkultur.de .

Meisterwerke der Prähistorie

Großsteingräber

Wo alles begann

Punkt für Punkt verbindet die Straße der Megalithkultur Bauwerke der Steinzeit. Doch was bedeutet eigentlich „Steinzeit"? Im vorletzten Jahrhundert erdacht, entstammt der Begriff einer Zeit, in der man die Urgeschichte ein wenig grobschlächtig nach dem jeweils vorherrschenden Werkstoff kategorisierte. Bedenkt man, dass es früherer Wissenschaft unmöglich schien, alleine die europäische Kulturgeschichte seit Christi Geburt mit einem einzigen Begriff zu umschreiben, erstaunt, wie man es zugleich schlüssig finden konnte, mit der Bezeichnung „Steinzeit" einen Zeitraum von sage und schreibe 2 bis 3 Millionen Jahren zusammenzufassen. Rund 99% der gesamten Menschheitsgeschichte wurden in diese Zeitspanne datiert, parallel diskriminierende Klischees konserviert. Bis ins 20. Jh. hinein verlor man sich in rüden Vorurteilen. Inzwischen aber wird einhellig honoriert, dass damals zentrale, bis in die Gegenwart wirkende Prozesse und Ereignisse ihren Anfang nahmen. So ging man beispielsweise während der Jungsteinzeit (ca. 5500–2000 v. Chr.) zwischen Weser und Ems allmählich vom Jäger- und Sammlertum zum sesshaften bäuerlichen Leben über, schuf erste Siedlungen und weithin sichtbare Großsteingräber. Während die jungsteinzeitlichen Wohnbauten längst vergangen sind, künden die steinernen Hünengräber noch heute in einmaliger Weise von der so genannten „neolithischen Revolution", jener Phase der Menschheitsgeschichte also, in der sich die Sesshaftigkeit durchsetzte und den Lebensalltag des Menschen massiv veränderte.

Rekonstruiertes Großsteingrab der Hünengräberstraße des Hümmlings, Groß Berßen (Station 16e)

Verwunschene Steine

Sagen, Mythen und Erzählungen

Zur Gegenwart der Vergangenheit

Vergeistigten Blickes und der Länge nach ausgestreckt, verweilte der Schriftsteller Gotthard Ludwig Kosegarten (1758–1818) liebend gerne bis Mitternacht auf dem Deckstein eines Großsteingrabes und ersann Hünengrab-Gedichte. Mit seiner Passion für neolithische Konstruktionen galt er seinerzeit keinesfalls als Exzentriker. Ein Blick in die Geschichtsbücher verrät, dass man sich schon viele Generationen zuvor, aber auch danach, für die jungsteinzeitlichen Male begeisterte. Großsteingräber zogen nicht alleine schwärmerische Melancholiker in den Bann: Ausgerechnet im Technologie-besessenen frühen 20. Jh. wurden die steinernen Relikte in manchem Architekturband als vorbildliche Bauwerke abgedruckt und noch 50 Jahre später arbeitete einer der Urväter moderner Baukunst, der technophile Architekt Le Corbusier (1887–1965), bei seiner berühmten Kirche in Ronchamp (Frankreich) mit offenkundigen Anspielungen auf ein Megalithgrab. Je nach Zeitpunkt, Personenkreis und Hintergrundwissen trug die Großsteingrab-Begeisterung höchst unterschiedliche Gesichter. Lobte man beispielsweise in nüchternen Architektenzirkeln des frühen, ornamentfeindlichen 20. Jhs. das vermeintlich Ursprüngliche und schnörkellos Elementare, hieß man Megalithgräber in manch gebildetem Kreise des so genannten „lan-

Teufelssteine, Osnabrück (Station 1a)

gen 19. Jahrhunderts“ als leicht verständliche Todesmetaphern willkommen. Schon im ausgehenden 18. Jh. hatte man zur Installation von Hünengrab-Nachbildungen in Landschaftsgärten geraten, um Andacht und Jenseitshoffnung, aber auch Geschichtsbewusstsein und Patriotismus zu fördern. Damals hofierte man die imposanten Bauten als vermeintliche „Urmonumente deutscher Geschichte“. Den internationalen Verbreitungsgrad ließ man außer Acht. Überhaupt wurden viele, als tradierte Sagen maskierte, frühneuzeitliche Großsteingrab-Mythen nicht, wie man früher dachte, durch bildungsferne, sondern durch ausgesprochen gelehrte Kreise in Umlauf gebracht. Im Zentrum der Erzählungen standen meist abenteuerliche Spekulationen über Entstehung und Zweck der Megalithbauten, denn die Grabfunktion galt erst seit dem 18./19. Jh. als wissenschaftlich erwiesen. So präsentierte man die steinernen Anlagen als Wohnstätten Unterirdischer, als Säulen des Herkules, als von den Wassermassen der Sintflut übereinander gelagerte Gesteinsmassen. Lobhuldigende Titulierungen wie „Königsgrab“ (→ 16d) respektierten zwar bereits die eigentliche Funktion. Zugleich aber spiegeln sie die irrige Vorstellung, Orte derart majestätischer Erscheinung hätten nur erlesener Prominenz vorbehalten sein können. Andere Erzählungen signalisieren eindeutig herabwürdigende Absichten: „Verfluchtes Teufelswerk“ verkörperten die vorchristlichen Male, hieß es vielfach. Gefräßige, Blutschande treibende Riesen, verachtungswürdige Gestalten hätten hier ihr Werk vollbracht. Nichts, gar nichts, sei den Übeltätern heilig gewesen, nicht einmal die eigenen Nachkommen. Skrupellos hätten sie ihre unschuldigen Neugeborenen im Zuge frevelhafter Götzendienste bei den rätselhaften, tischförmigen Stätten geopfert, gab man vor.

Die Enttarnung der Bräute

„Braut“, „Schlüssel“, „Ofen“ – die Eigennamen vieler Großsteingräber klingen äußerst mysteriös, obgleich ihre Herkunft meist rasch enttarnbar ist: Bezeichnungen wie „Teufelssteine“ oder „Heidenopfertisch“ (→ 1a, 24b) sind früheren Dämonisierungstendenzen geschuldet. Begriffe wie „Steinerner Schlüssel“ oder „Braut“ (→ 13, 28a) entstanden im Kontext findiger Erzählungen. Namenskreationen wie „Teufels Backofen“ (→ 4c) oder „Kellersteine“ (→ 24c+d) zeugen vom lange währenden Rätselraten um die Funktion der Bauwerke. Erinnerte deren Form nicht eigentlich an Backöfen? Doch wer

Große Steine, Kleinenkneten (Station 25b)

leistete sich solch riesenhafte Öfen – der Teufel etwa? Oder handelte es sich bei den seltsamen Konstruktionen gar um Keller – Kartoffelkeller vielleicht? Bezeichnungen wie „Gerichtsstätte" (→ 30a) basieren unterdessen weniger auf tollkühnen Phantasiegebilden. Sie gewähren Einblick in tatsächliche Nutzungsvarianten: Bis ins 20. Jh. hinein wurden Großsteingräber zur Rechtsprechung aufgesucht (→ 14f). Gelegentlich begegnete man den altehrwürdigen Stätten aber auch ausgesprochen nüchternen Wortes. Dicke, Hohe (hoogen) bzw. Große Steine (→ 1b, 20a, 25) nannte man sie dann oder betitelte sie schlicht nach ihrem Standort (→ 3, 6, 14, 15).

Grenzenloser Hünenkult

Widmet man sich dem Thema „Großsteingrab", wird man früher oder später mit dem Thema „Hünen" konfrontiert, und sei es nur, weil man eine der zahlreichen Megalithstätten namens „Hünensteine" (→ 19, 22b, 32) besichtigt. Über Generationen hinweg konnte man sich einfach nicht vorstellen, dass Menschen durchschnittlicher Statur in der Lage waren, Steine dieser Ausmaße übereinander zu schichten. Die alttestamentarische Vorstellung eines vorsintflutlichen Riesengeschlechts und der wiederholte Fund riesenhaft anmutender fossiler Knochen schienen das scheinbar Unmögliche zu bestätigen. In der Folge deutete man megalithische Anlagen als Wohn- oder

Großsteingrab-Erbauung nach Johan Picardt, 17. Jh.

Grabstätten von Hünen. Zweiflern begegnete man mit abenteuerlichen Geschichten – etwa der Behauptung, manch banale Steinkuhle verkörpere in Wahrheit den Fingerabdruck eines Riesen (→ 25). Interessanterweise beschränkte sich der Glaube an die Existenz eines Hünen-Geschlechts keinesfalls auf bildungsferne Kreise. Vielmehr boten Wissenschaftler wie der Theologe und Mediziner Johan Picardt (1600–1670) dem Gerücht merklichen Auftrieb: Picardt gab bekannt, mit eigenen Augen das Schienbein eines jener brutalen Riesen gesehen zu haben, die er als Ureinwohner Nordwestdeutschlands wähnte. Obwohl der Glaube an Riesen erst mit zunehmender Erforschung der Megalithgräber im 18./19. Jh. vollends erlosch, stieß die Hünen-Theorie schon zuvor nicht auf bloße Gegenliebe.

Der dänische Gelehrte Ole Worm (1588–1654) etwa glaubte von Anbeginn, Menschen völlig durchschnittlicher Größe hätten die stattlichen Bauten erschaffen. Die gedankliche Verknüpfung zwischen Riesen und Megalithen ist übrigens ein internationales Phänomen: In Frankreich etwa nennt man Großsteingräber „chambres des géants" (Riesenkammern). Interessanterweise ist dennoch ausgerechnet die Bezeichnung „Hünenbett" mutmaßlich nicht dem Hünenkult, sondern einer Fehlübersetzung geschuldet: Es scheint, als habe man das niederdeutsche Wort „hunnebed" (= Totenstätte) als „Hünenbett" missverstanden.

Hünensteine bei Lindern (Station 22b)

Des Teufels Spuk – der Kirchenväter Glück?

Johan Picardt schwor Stein und Bein, bei den Großsteingräbern Augenzeuge teuflischen Spuks gewesen zu sein. In seinem 1660 publizierten Hauptwerk zur Urgeschichte ergänzte der Theologe eilig, die teuflische Macht sei erst gewichen, als das *„Licht der besseren Welt"* durch Jesus Christus verbreitet worden sei. Ungewöhnlich mutet diese doktrinäre Sicht nicht an: Der bis ins 19. Jh. geschürte Glaube, der leibhaftige Teufel habe bei der Entstehung der Großsteingräber seine Hände im Spiel gehabt (→ 4b+c, 21), kam insbesondere kirchlichen Interessen entgegen. Trug er doch zu einer Verunglimpfung des Heidentums bei. Schon seit dem 5. Jh. widmeten sich wiederholt Konzilien der Frage, wie man vorchristlichen Bräuchen begegnen könne. Im Jahre 658 schließlich, auf dem Konzil von Nantes, entschied man, allen Großsteingräbern den vollständigen Garaus zu bereiten. Nicht bloß schleifen solle man sie, sondern vergraben, damit die heidnischen Orte ein für alle Male aus dem Blickfeld der Menschheit verschwänden. Dass auch Karl der Große im Jahre 789 in Aachen ein Edikt erließ, das zur Zerstörung aller Megalithgräber aufrief, schien nur folgerichtig. Sah er doch gemäß seiner Doktrin nach einer Einheit von Reich und Kirche ein Sondergesetz vor, das die Ausübung heidnischer Rituale mit der Todesstrafe sanktionierte. Ironischerweise erwies man sich mit dem Jahrhunderte langen Feldzug gegen die heidnischen Relikte einen Bärendienst: Der Reiz des Verbotenen ließ die verruchten Male umso verlockender erscheinen.

Langlebige Klischees

Ebenso frühzeitig wie treffend berichtete schon der dänische Geschichtsschreiber Saxo Grammaticus (ca. 1140–1220) über die Grabfunktion der Megalithbauten. Dennoch wurde erst im 18./19. Jh., mit dem zunehmenden Interesse an der Erforschung der eigenen Vergangenheit, belegt, dass es sich auch bei den nordwestdeutschen Megalithanlagen nicht um verfluchtes Teufelswerk, sondern um vorchristliche Grablegen handelte. Die brüsken Vorurteile gegenüber den Erbauern waren damit keineswegs begraben. Im Gegenteil, mancher Bildungsbürger vollbrachte einen bemerkenswerten Spagat: Pastor Oldenburg etwa trat im 19. Jh. einerseits als einer der leidenschaftlichsten Verfechter gesetzlicher Großsteingrab-Unterschutzstellung des Oldenburger Raums in Erscheinung. Und doch ließ er es sich andererseits nicht nehmen, seine jungsteinzeitlichen Vorfahren pauschal als *„roh und ungebildet“* abzuwerten. Das Zerrbild des ungehobelten, scheinbar geistig minderbemittelten neolithischen Menschen (→ 24b) knüpft nahtlos an Klischees an, die man in früheren Zeiten den Hünen entgegengebracht hatte. So waren dem Großsteingrab-Forscher Johan Picardt die riesenhaften Erbauer durchweg brutale Barbaren. Einseitig als zeit- oder gar berufstypisch bewerten kann man Pastor Oldenburgs Position nicht: Der als „grabender Pastor“ bekannte Martin Mushard (1699–1770) etwa hob schon im 18. Jh. hervor, dass die *„alten Einwohner“* von Witz und Verstand waren. Und auch der Hamburger Domherr Friedrich Johann Lorenz Meyer fürchtete, mit einer verächtlichen Ahnen-Beschreibung letztlich die eigenen Wurzeln zu degradieren. In seinen *„Darstellungen aus Norddeutschland“* (1816) betonte er daher, die Schöpfer der Großsteingräber seien zweifellos bereits intensiv Wissenschaft und Kunst zugeneigt gewesen.

Gretescher Steine bei Osnabrück (Station 1b)

Weltweite Steine

Verbreitung der Megalithkulturen

Großsteingräber sind zu den Hinterlassenschaften der so genannten „Megalithkulturen“ zu zählen. In der Regel charakterisiert man jene Kulturen über die Verwendung großer, oft unbehauener Steine; allerdings kursieren mannigfaltige Definitionen. Zu unterschiedlichen Zeiten und in unterschiedlicher Gestalt ließen die Megalithkulturen ihre einzigartigen Spuren beinahe auf dem gesamten Globus zurück: Zeugnisse finden sich vom Senegal über weite Teile Europas, vom Vorderen Orient über Indien bis nach Korea, von den Osterinseln bis nach Mittel- und Südamerika. Grablegen, Tempel, Wohnanlagen, Steinreihen (Alignements) und -kreise (Cromlechs) bilden die prägnantesten megalithischen Werke. Speziell in Nordwestdeutsch-

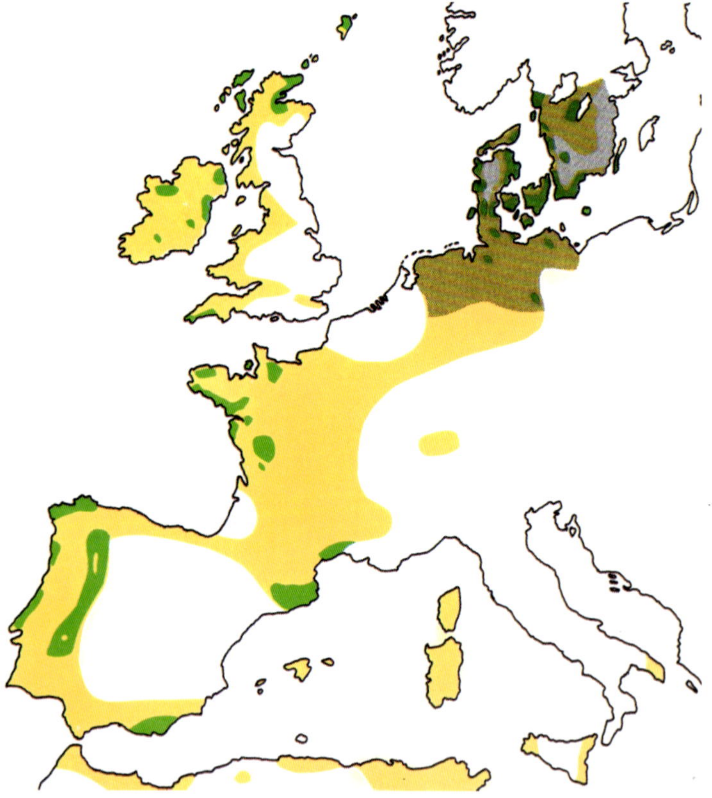

Gelb: Verbreitung der Megalithkulturen in Europa
Grün: Atlantische und Skandinavische Gräber
Grau: Megalithgräber mit Beigaben der Trichterbecherkultur (nach: Schirnig 1979)

Steinerner Schlüssel bei Apeldorn (Station 13)

land sind fast ausschließlich Großsteingräber anzutreffen. In Europa spricht vieles für eine Verbreitung der Megalithidee über den Seeweg: Überwiegend nicht weiter als 400 km von den Küsten entfernt, konzentriert sich die Mehrheit der erhaltenen Großsteinmonumente auf den Mittelmeerraum bzw. die küstennahen Zonen von Atlantik, Nord- und Ostsee. Gleichwohl gab man den Brauch definitiv auch auf dem Landwege weiter: So trafen beispielsweise am Südrand des Teutoburger Waldes beide Verbreitungsformen der Megalithidee aufeinander.

Darpvenner Steine bei Schwagstorf (Station 3b)

Kultivierte Steine

Alltagsleben in der Jungsteinzeit

Klima und Landschaft vor 5000 Jahren

Als man auf dem Gebiet des heutigen Nordwestdeutschland mit der Errichtung von Megalithgräbern begann, herrschten um ca. 2° C höhere Temperaturen vor. Weniger Niederschläge waren zu verzeichnen und mit Ausnahme der Moorgebiete und einiger schmaler Küstenstreifen war das Land zwischen Weser und Ems von dichten Eichenmischwäldern überzogen, die je nach Bodenbeschaffenheit mit Erlen, Birken, Linden und Ahorn durchsetzt waren. Buchen und Nadelhölzer verkörperten eine Rarität. Die jungsteinzeitlichen Siedler hatten intensiveren Kontakt zur Nordsee als man meinen könnte – phasenweise drang das Meer bis tief ins Landesinnere vor.

Jungsteinzeitlicher Lebensalltag (Zeichnung: Anna-Maria Hoppe)

Die Erbauer der Großsteingräber

Allzu oft wird die gesamte Jungsteinzeit mit der Entstehung von Großsteingräbern gleichgesetzt. Genau genommen wurden die hünenhaften Bauwerke jedoch nur während eines begrenzten Zeitraums errichtet – in Nordwestdeutschland etwa zwischen 3500 und 2800 v. Chr. Die Erbauer der Großsteingräber ordnet man der so genannten „Trichterbecherkultur“ zu. Neuzeitliche Wissenschaftler prägten diesen Begriff, da sie in den Gräbern besonders häufig auf Tongefäße mit trichterförmigem Hals stießen. Die Trichterbecherkultur ist keineswegs ein dezidiert nordwestdeutsches Phänomen: Spuren lassen sich von den Niederlanden bis nach Polen, von Südskandi-

Trichterbecher (Stadt- und Kreisarchäologie Osnabrück)

navien bis nach Westfalen und Mitteldeutschland verfolgen. Mit den Vertretern der Trichterbecherkultur wurde in Nordwestdeutschland ein neues Zeitalter eingeläutet: Sie waren die Ersten, die sich nachweislich dauerhaft in der Region niederließen, Siedlungen bauten und Ackerbau und Viehzucht betrieben. Eine komplette Gleichsetzung zwischen Trichterbecherkultur und Großsteingrab-Erbauung wäre dennoch falsch: Die eindrucksvollen Bauten entstanden nur während einer zeitlich begrenzten Phase jener Kultur, die überdies parallel Bestattungen in flachen Erdgräbern vornahm. Weshalb man im einen Falle ein Flach-, im anderen ein Megalithgrab wählte, ist unklar. Zwar waren Erdgräber Einzelpersonen, Großsteingräber Gemeinschaften vorbehalten, doch lässt sich der nahe liegende Verdacht einer sozialen Differenzierung – zumindest anhand der Gleichwertigkeit der Beigaben – nicht bestätigen.

Endlich sesshaft?

Wieso aber ließen sich die Angehörigen der Trichterbecherkultur überhaupt dauerhaft nieder? Mehrheitlich wurden die Menschen nicht sesshaft, weil es ihr sehnlichster Wunsch war, sondern weil Viehzucht (Rinder, Schweine, Ziegen, Schafe) und Ackerbau es erforderten. Der eigentliche Impuls zur Ausbildung der bäuerlichen und sesshaften Lebensform, deren Ursprung man im Nahen Osten um 9000 v. Chr. vermutet, ist strittig. Kontrovers diskutiert wird zudem der Verbreitungsweg: Übernahm man die Idee durch Mund-zu-Mund-Propaganda oder führten zugewanderte Personengruppen die neuartige Lebensform ein? Den goldenen Mittelweg beschreitet man mit der Theorie, dass beide Faktoren zusammenwirkten. Anders als es der Begriff der so genannten „Neolithischen Revolution“ nahe legt, breitete sich das Gedankengut zur Umstellung von einer aneignenden auf eine produzierende Wirtschaftsform keinesfalls über Nacht aus. Peu à peu gelangte es nach Mitteleuropa. Seit etwa 5500 v. Chr. siedelten prähistorische Farmer auf dem Gebiet des heutigen südlichen Niedersachsen. Zwischen Weser und Ems verzögerten weniger fruchtbare Böden den Umstellungsprozess um rund 1000–2000 Jahre. An die neue Wirtschaftsform waren weitreichende Veränderungen des Alltags und sozialen Miteinanders geknüpft: Wurde das Leben zuvor durch Jagd, Fischfang und Früchtesammeln bestimmt, prägten nun völlig andere Faktoren den Tages- und Jahresrhythmus. Für die gleichzeitige Ausbildung neuartiger sozialer Hierarchien finden sich unterdessen keine Hinweise.

Die eigenen vier Wände

Wollte man vor 5000 Jahren zwischen Weser und Ems ein dauerhaftes Domizil beziehen, galt es zuerst, Teile des nahezu allgegenwärtigen Waldes zu roden. Zum Einsatz kamen dabei Feuer oder Feuersteinbeile, deren scharfe Schneiden erstaunlich funktional waren und auch beim Hausbau vortreffliche Arbeit leisteten. Zu Lebzeiten weilte man nämlich in Pfostenbauten, nur den Toten waren steinerne Monumentalbauten vergönnt. Die Wände der Wohnbauten wurden mutmaßlich aus lehmverstrichenem Flechtwerk gebildet. Spekulationen über weitere Details der Ausgestaltung sind zahlreich, aber selten wissenschaftlich fundiert, da die Siedlungen jener Jahre längst mehr oder weniger komplett vergangen sind. Überreste, bestenfalls Grundrissspuren, sind schwer auffindbar. So stieß man bei Engter im Osnabrücker Land Ende der 1980er Jahre nur durch Zufall auf Spuren eines Hausgrundrisses, der möglicherweise der Trichterbecherkultur zuzurechnen ist. Er maß etwa 14 x 8 m und wies gerundete Schmalseiten auf. Als man kurz darauf im Sommer 1990 ebenso zufällig unweit der Emsländischen „Hünengräberstraße“ (→ 16) die spärlichen Reste zweier weiterer Wohngebäude der Trichterbecherkultur sichtete, sondierte man Gestaltungsprinzipien gänzlich anderer Art. Mit ca. 8 x 3,90 m waren die Grundrisse von bescheidenerer Größe, zudem rechteckig. In der Summe ist es angesichts der rar gesäten Hausfunde schwierig, detaillierte Aussagen über Lage, Größe und Gestalt der Trichterbechersiedlungen vorzunehmen.

Frühes Expertentum

Die neue sesshafte Lebensform verlangte nach der Ausbildung neuartiger Werkzeuge. Wie sonst hätte man die Wälder roden, die Felder bestellen, das Erntegut verarbeiten können? Die Werkzeuge, die man hierzu ersann, wurden mit größter Sorgfalt und unter dem Aspekt höchster Funktionalität gefertigt. Schon damals, so scheint es, war das Handwerk spezialisiert. Überaus phantasievoll ausgearbeiteter Schmuck oder leider nur in geringer Zahl überlieferte jungsteinzeitliche Musikinstrumente untermauern diesen Verdacht. Manche Forscher glauben gar, es hätten bereits erste Werkstätten mit eigenständiger „Handschrift“ existiert. Im Besonderen die überreich hinterlassenen, für Vorratswirtschaft und Transport produzierten keramischen Alltagsgefäße stützen diese Vermutung. In beinahe jedweder Größe hergestellt, weisen die Becher, Flaschen, Kannen, Terrinen, Vasen oder Schalen regionale gestalterische Unterschiede auf. Speziell für nordwestdeutsche Keramik waren geometrische Tiefstichmuster typisch. Sorgfältigst wurden sie mit Sticheln, Spateln und Stäbchen in den per so genannter „Wulsttechnik“ geschichteten Ton eingearbeitet. Wegen dieser Verzierungen spricht man in Nordwestdeutschland auch von der „tiefstichkeramischen Gruppe“ der Trichterbecherkultur.

Grabfunde (Landesmuseum für Natur und Mensch Oldenburg)

Unbekannte Haute Couture

Auf der Suche nach Überresten der Alltags- oder gar Festkleidung, der Haute Couture im Zeitalter der Großsteingräber sozusagen, wird man bitter enttäuscht. Aus dem wiederholten Auffinden so genannter „Spinnwirtel" schloss die Forschung gleichwohl, dass schon damals das Tragen von Tuchen verbreitet gewesen sein muss. Hanf, Flachs oder Schafwolle dienten wahrscheinlich als Grundlage der Tuchproduktion. Welche konkreten Formen und Farben vor über 5000 Jahren „en vogue" waren, lässt sich zwar nicht mehr eindeutig feststellen. Grabfunde, geschliffene Bernsteinketten etwa, belegen allerdings, dass sich selbstverständlich auch der Mensch jungsteinzeitlicher Prägung leidenschaftlich gerne schmückte.

Kulinarisches

Die Basiszutaten neolithischer Speisepläne weisen überraschende Parallelen zum 21. Jh. auf. So findet man dort manche, heute wieder begehrte Kulturpflanze: Erbsen, Bohnen, Linsen, diverse Weizenarten, Saatgerste oder Hirse mundeten bereits den „Trichterbecher-Menschen". Während das Getreide mit äußerst kunstvoll bearbeiteten Feuerstein-Sicheln geerntet wurde, bediente man sich beim Mahlen granitener Handmühlen. Sie bestanden aus einem so genannten „Läufer-" und einem so genannten „Unterstein". Apropos Getreide: Augenscheinlich gönnte man sich damals gelegentlich ein kleines Bier. Verschiedentlich fanden sich Gefäße mit eingetrockneten Spuren von Flüssigkeiten, die man mit heutigem Bier verglichen wissen wollte.

Geburtsstunde der Globalisierung?

Überregionaler Handel war schon in der Ära der Großsteingräber gang und gäbe: Im Jahre 1991 legte man nordöstlich von Kalkriese die weltweit ältesten Bohlenwege frei. Zur Überquerung des Campemoores um 4700 v. Chr. konzipiert, avancierten sie zum Bestandteil eines überregionalen, jungsteinzeitlichen Wegenetzes. Auch Perlenfunde aus Gagat, einer Art Braunkohle, die man primär in England, Südfrankreich und Spanien antrifft, bestätigen, dass seinerzeit weit über die heutigen Landesgrenzen hinausreichende Handelsbeziehungen gepflegt wurden. Per Einbaum oder Floß legten die urgeschichtlichen „Handlungsreisenden" erstaunliche Strecken zurück – mutmaßlich bis nach Großbritannien.

Geschichtete Steine

Erbauungstechnik, Normen & Formen

Giganten aus dem Eis

Abgesehen von den Osnabrücker Karlsteinen (→ 7) wurden die nordwestdeutschen Großsteingräber aus Granitblöcken konstruiert, die wegen ihrer entlegenen geologischen Herkunft auch als erratische (= verirrte) Blöcke oder Findlinge bezeichnet werden. Die granitenen Megalithen waren während der Saalekaltzeit, vor ca. 230.000 bis 130.000 Jahren, über Gletscher von Skandinavien in das Gebiet zwischen Weser und Ems gelangt. Damals war die Region von einer bis zu 400 m dicken Eisschicht bedeckt.

In 100 Tagen zum Meisterwerk

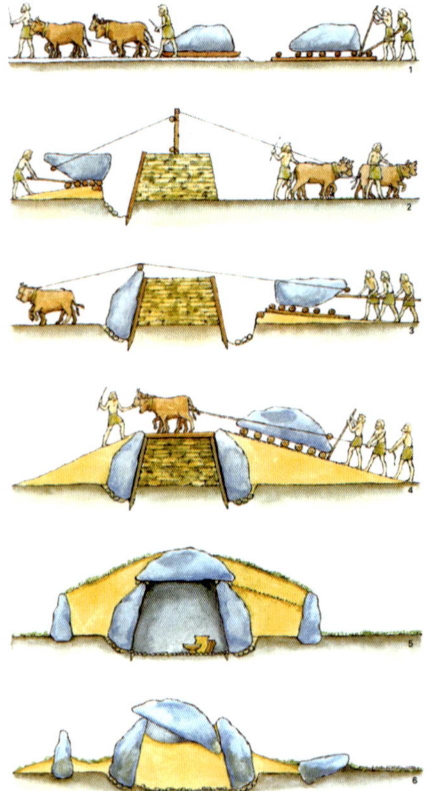

Erbauung und Zerfall eines Großsteingrabes (nach Bloemers 1981)

Anfang der 1990er Jahre errechnete man den Zeitaufwand, den die Erbauung eines Megalithgrabes mutmaßlich beanspruchte: Danach benötigten 100 Personen für ein Bauwerk der Größe des rekonstruierten Kleinenkneter Hünenbettes (→ 25b) bei 10-stündigem Arbeitstag inkl. Auswahl und Transport des Baumaterials rund 3,5 Monate. Wie der Bauprozess detailliert vonstatten ging, war nicht nur dem klugen preußischen Baumeister Karl Friedrich Schinkel (1781–1841) ein Rätsel, sondern ist im Grunde bis heute strittig. Nach einer häufig zitierten Theorie bugsierte man die Megalithen mit Hilfe von Baumstämmen und Ochsengespannen zum Bauplatz. Dort ließ man die Wandsteine* – leicht nach innen geneigt – in den Boden ein und füllte die Zwischenräume mit Trockenmauerwerk. Während die Decksteine** nach diesem Modell erst gegen Ende des Bauvorgangs über Rampen auf das Grab gehievt wurden, bilden sie nach einer anderen Hypothese den Dreh- und Angelpunkt des gesamten Bauprozesses: Demnach manövrierte man die Decksteine zuerst auf eigens gefertigte Holzgestelle oder Erdhügel und schob erst dann die Wand- unter die Decksteine, um die Hilfskonstruktionen abschließend wieder zu entfernen. Ungeachtet des wahrhaft angewandten Bauschemas, ließen die jungsteinzeitlichen Baumeister in jedem Falle vom ersten bis zum letzten Schritt meisterliche Akribie walten: So wurden die Kammerböden, auf denen man die Verstorbenen zur letzten Ruhe bettete, meist pfleglichst mit faust- bis kopfgroßen Findlingen gepflastert (→ 19, 30e). Auch waren allen Großsteingräbern des Nordwestens ursprünglich sorgfältigst aufgeschüttete, hohe Erdhügel zueigen. Infolge der Jahrtausende währenden Witterungseinflüsse fehlen sie inzwischen weitgehend, wurden aber bisweilen rekonstruiert (→ 16e, 25b).

Große Steine bei Kleinenkneten, Detail (Station 25b)

Prähistorische Bautrupps?

Die passgenaue Abstimmung von Trag- und Decksteinen beeindruckt ungemein – nicht zuletzt, da es bei Großsteingrab-Rekonstruktionsmaßnahmen in jüngster Vergangenheit trotz Zuhilfenahme modernsten technischen Gerätes nicht immer gelang, die Decksteine an ihren eigentlichen Ort zurückzubefördern (→ 19). Ferner erstaunt, dass mancher Tragstein seit mehreren tausend Jahren dem Druck schwerster Decksteine standhält, während akribisch per Computerprogramm berechnete neuzeitliche Stahlbetondecken gerne einmal einstürzen. Derart fulminante Präzisionsarbeit lässt keinerlei Zweifel bestehen – schon unter den Trichterbecher-Leuten müssen spezialisierte Baumeister geweilt haben. Doch wie hat man sich deren Wirken vorzustellen? Bislang existiert leider keine einträchtige Forschungsmeinung dazu, ob ein Trupp von Fachleuten von Siedlung zu Siedlung zog oder jede Gemeinschaft eigene Baumeister hervorbrachte, die unkundige Helfer bei der Errichtung eines Großsteingrabes unterwiesen.

---

* Auch „Tragsteine" genannt, handelt es sich hierbei um die senkrecht aufgestellten Megalithen, die quasi die „Kammerwand" bildeten.

** Meist waagerecht auf den Wandsteinen ruhend, schlossen die Decksteine die Grabkammer nach oben ab.

Normen und Formen: Vielfalt in der Einheit

Nordwestdeutsche Großsteingräber sind durch erstaunlich große gestalterische Unterschiede gekennzeichnet. Frühere Forscher wollten trotzdem vor allem die Gemeinsamkeiten betont wissen. Fast ausnahmslos ordneten sie sie dem Typus der so genannten „Ganggräber“ zu. Schließlich ließe die Mehrheit einen – meist in der Mitte der südlichen Langseite sichtbaren – Zugang erkennen. In Übertragung christlicher Baukunstnormen las man vielerorts, die megalithischen Stätten seien, Sonnenauf- bzw. Untergang gemäß, vorwiegend von Ost nach West orientiert. Nimmt man die erhaltenen Exemplare jedoch genauer unter die Lupe, findet sich realiter manches Grab ohne Zugang und obendrein eine ziemlich große Anzahl ohne eindeutige Ost-West-Orientierung. Nord-Süd gelenkte bilden zwar eine Rarität, gleichwohl, es gibt sie (u.a. → 14a). Aus früherem Kategorisierungseifer resultiert außerdem eine bis heute gebräuchliche typologische Unterscheidung, und zwar zwischen so genannter „Emsländischer Kammer“ und so genanntem „Hünenbett“: Zur Sicherung des Erdhügels wurden viele – wenngleich nicht alle (→ 7, 13) – Gräber mit einer ovalen oder rechteckigen Steineinfassung versehen. Bei der Emsländischen Kammer findet sich diese Einfassung in unmittelbarer Nähe zur Kammer (→ 11, 20a), beim Hünenbett dagegen in merklicher Distanz (→ 24a, 28a). Hünenbetten wurden mit partiell gigantischen, über 100 m langen Erdaufschüttungen ausgestattet, die offenbar einen primär repräsentativen Charakter besaßen. Zumindest förderten bisherige Untersuchungen zwischen Kammer und Umwallung wenig Aufschlussreiches zutage.

Statussymbol und Zweckbau

Vergleicht man die Großsteingräber des heutigen Niedersachsen, fällt bei den nordwestdeutschen bisweilen eine gewisse Tendenz zur Opulenz und damit die Nähe zu Anlagen westeuropäischer Prove-

Großsteingrab in der Kunkenvenne bei Thuine (Station 12a)

De Hoogen Steener bei Werlte (Station 20a)

nienz ins Auge. Während man sich im Norden und Osten zumeist mit drei bis fünf Decksteinen pro Grab begnügte, findet man im Nordwesten manchmal zehn, ja bis zu 17 Decksteine (→ 12a) vor. Und auch bei den Umfassungen, unter ihnen immerhin die längste Niedersachsens (→ 24a), übte man sich nicht alle Tage in baulicher Bescheidenheit. Doch wozu dieser Aufwand? Bedenkt man die oft exponierte Lage auf Anhöhen oder Hängen (→ 7a) oder die Lokalisation an wichtigen ehemaligen Handelswegen (→ 16), drängt sich der Verdacht auf, die Größe sei vorrangig der Selbstinszenierung geschuldet. Tatsächlich will mancher Forscher Großsteingräber als Zeichensetzung unvergleichlicher Kraft und Macht, als Kundgabe beständiger familiärer Tradition, als ein dem Kirchenbau vergleichbares frühes Religionsbekenntnis oder, diese These ist nicht ganz unumstritten, als Territoriumsmarkierung frühbäuerlichen Grundes ausgelegt wissen. Vor einer zu einseitigen Übertragung der Maßstäbe neuzeitlicher Architekturinterpretation, die praktische Erfordernisse wie die Siedlungsgröße gänzlich ausklammert, sei dennoch gewarnt.

Unendliche Steine

Glaube und Bestattungsformen

Steine, Ton und Scherben fürs Jenseits?

„*Steine bedeuten Leben*“ besagt ein spanisches Sprichwort. Und keineswegs zufällig widmen wir unseren Toten noch im 21. Jh. einen Grabstein. Stein scheint unvergänglich, spiegelt unsere Hoffnung auf unendliches Leben wider. Holz verrottet. Schon die Angehörigen der Trichterbecherkultur errichteten ihre Wohnbauten aus Holz, ihren Toten aber kreierten sie Bauwerke aus Stein – ein Indiz für die Existenz eines jungsteinzeitlichen Jenseitsglaubens? Geht es um die Ergründung spirituellen Lebens vor über 5000 Jahren, begibt man sich mangels schriftlicher und archäologischer Quellen rasch auf dünnes Eis. Trotzdem werden die Beigaben der Großsteingräber, u. a. Tongefäße, Waffen oder Schmuck, allzu oft leichtfertig als Beweis für einen jungsteinzeitlichen Jenseitsglauben interpretiert. Einzelne Forscher gehen gar so weit, Megalithgräber, ja die Zeugnisse

Huntemarsch am Morgen

neolithischer Megalithkulturen generell, als Beleg einer ersten gemeinsamen, durch minimale regionale Abweichungen variierten Weltreligion zu präsentieren. Andere Wissenschaftler zeigen sich merklich verhaltener: Demnach könnten Grabfunde zwar als Hinweis auf einen Jenseitsglauben begriffen werden; speziell die reichlich überlieferten Gefäße könnten aber genauso gut als Überreste von Feierlichkeiten gedeutet werden, die in keinerlei Bezug zu einem Jenseitsglauben standen. Folgerichtig seien Schmuck und Waffen den Toten unter Umständen nur mitgegeben worden, da sie schon zu Lebzeiten als tägliche Begleiter fungierten. Warum man die Verstorbenen auch immer mit Beigaben ausstaffiert haben mag, taten sich der Nachwelt dank dieses Brauchs mitunter äußerst üppige Funde auf. Beispielsweise in Dötlingen (→ 30e) legte man beachtliche 12 Zentner Scherben frei und in Ostenwalde (→ 19) die Bruchstücke von mehr als 400 Keramikgefäßen. Dass übrigens selten intakte Behältnisse sichergestellt wurden, geht wohl nicht alleine auf das Konto von Witterungseinflüssen und Sanddruck: Manche Forscher mutmaßen, die Gefäße seien im Rahmen von Feierlichkeiten absichtlich zerschlagen worden.

Gruft oder Beinhaus

Längst gilt es als bewiesen, dass man Großsteingräber nicht für Einzelpersonen, sondern für Gruppen errichtete. Beispielsweise barg man in skandinavischen Gräbern über 100 Skelette. Auch wird angesichts der unterschiedlichen zeitlichen Herkunft vieler Grabbeigaben niemand die Indienstnahme der Anlagen über mehrere Generationen bezweifeln wollen. Und doch birgt das Thema jungsteinzeitlicher Bestattung bis heute manches Geheimnis in sich. Bei der Frage nach der genauen Nutzungsform der Gräber etwa ist die Forschung in zwei Lager gespalten. Die Mehrheit ist der Überzeugung, dass die Verstorbenen wie in einer Gruft beigesetzt wurden, wenn auch ohne Sarg bzw. Urne. Eine kleinere Fraktion beharrt dagegen auf der älteren Theorie, die Toten seien zunächst anderen Ortes bestattet und – Beinhäusern ähnlich – erst nachdem Weichteile und Bänder vergangen waren, in die Megalithanlagen überführt worden. Angefacht wurde diese Theorie durch das wiederholte Auffinden ziemlich chaotischer „Knochenhaufen", bei denen wesentliche Skelettpartien entweder spurlos verschwunden oder mehrfach gebro-

Schematische Darstellung des Inneren eines Großsteingrabes (nach Schirnig 1979)

chen waren. Für die Verteidiger der Gruft-Theorie ist das „heillose Durcheinander" rein pragmatischen Ursprungs: Man habe schlicht Platz für neue Bestattungen schaffen müssen, ältere Skelette daher ein wenig unsanft beiseite geräumt, erklären sie. Sie beklagen, die Beinhaus-Theoretiker klammerten die vielen gänzlich unversehrten Knochengerüste aus, die man stets zugleich habe bergen können. Speziell in Nordwestdeutschland wird man die Frage nach der Nutzungsform wohl niemals zufrieden stellend beantworten können: Wegen der kalkarmen Böden liegen hier nahezu keine Knochenfunde vor.

Ideologisierte Steine

Verklärung und Missbrauch

Im frühen 19. Jh. entbrannte in weiten künstlerischen Kreisen eine richtiggehende Großsteingrab-Manie. Caspar David Friedrich (1774–1840), der heute wohl bekannteste Vertreter damaligen Megalith-Kultes, wählte das Motiv als Symbol persönlicher innerer Zerrissenheit und quälender Todesahnungen. Zugleich wandte er sich den prähistorischen Malen zu, um seiner Hoffnung auf ein geeintes Deutschland Ausdruck zu verleihen. Schon bei einzelnen Schriftstellern des

Heidenopfertisch bei Engelmannsbäke, Lithographie von Ludwig Philipp Strack, 1827 (Stadtmuseum Oldenburg)

ausgehenden 18. Jhs. war Patriotismus die eigentliche Triebfeder urgeschichtlichen Interesses. Doch vor dem Hintergrund der napoleonischen Okkupation und der so genannten „Freiheitskriege", erkor man das Hünengrab-Motiv zusehends häufiger als künstlerische Projektionsfläche unerfüllter nationaler Sehnsüchte aus. Auch die beiden Oldenburger Hofmaler Tischbein und Strack skizzierten die *„heidnischen Male"* des Nordwestens (→ 7, 24b) nicht ohne patriotischen Hintergedanken. Aus heutiger Sicht irritiert die Indienstnahme der Großsteingräber als Sinnbilder nationaler Identität. Wusste man damals doch durchaus um deren internationalen Verbreitungsgrad, wie u.a. die Schriften des Heimatforschers Johann Jacob Grümbke (1771–1849) darlegen.

Steine der Unweisen

Während des letzten Drittels des 19. Jhs. wurde die Megalith-Euphorie zunehmend von nationalistisch-rassistischem Gedankengut überlagert. Gesellschaftsübergreifend bemächtigten sich nun vorrangig

Große Steine bei Kleinenkneten, rekonstruiertes Hünenbett (Station 25b)

reaktionär Gesinnte des Hünengrabmotivs. Im 20. Jh. griff das NS-Regime jene ideologisch verbrämten „Vorarbeiten“ dankbar auf, um sie zu einem traurigen Höhepunkt zu führen. Jeglichen wissenschaftlichen Fundamentes enthoben, wurden die Grabstätten der Trichterbecherkultur nunmehr u.a. als germanische Tempel dargeboten. Dass bereits über 100 Jahre zuvor belegt worden war, dass es sich bei den Anlagen definitiv um Grablegen handelte und obendrein zum Zeitpunkt ihrer Erbauung – streng definitionsgemäß – noch keine Germanen existierten, schien seinerzeit nicht jedermann zu interessieren.

Gesprengte Steine

Zur Vernichtung kulturgeschichtlicher Meilensteine

Im Grunde nutzte man Großsteingräber zu allen Zeiten als „Steinbruch". Als wolle das Christen- dem Heidentum symbolisch trotzen, wurden die Findlinge in Kirchenfundamenten und Friedhofsmauern verbaut oder zur Erstellung von Profanbauten genutzt (→ 21). Hielten die von den Kirchen geschürten Ängste vor den „Teufelswerken" die Zerstörungsaktivitäten bis Mitte des 18. Jhs. einigermaßen in Zaum, schwand dieser „mystische Denkmalschutz" analog zur zunehmenden Erforschung. Immer weniger Menschen wollten glauben, dass die urgeschichtlichen Male von geheimen Mächten beseelt waren und so rückte man ihnen immer unverhohlener zu Leibe. Mit Industrialisierung, expandierendem Straßen- und Städtebau sowie der Agrarreform setzte im 19. Jh. – insbesondere in steinarmen Gebieten – die Zerstörung im großen Stil ein. Großsteingräber wurden massenweise gesprengt und an Deich- und Straßenbau verkauft. Noch heute bürgen tiefe Bohrlöcher (→ 16c, 22a, 33) von den umfangreichen Sprengmaßnahmen jener Zeit. Um dieser unglückseligen Entwicklung zu kontern, traten, als Begleiterscheinung des wachsenden Patriotismus', erste Unterschutzstellungs-Maßnahmen in Kraft. Gleichwohl waren diese Aktionen nur von geringem Erfolg gekrönt. Die wenigsten nahmen die Gesetze ernst, hierzu waren die Geldstrafen viel zu niedrig angesetzt. Neben den emsigen, selbst ernannten Sprengmeistern hinterließen übrigens auch frühe Forscher gravierende Schäden. Bis weit ins 19. Jh. hinein führten sie nach heutigen Maßstäben eher Schatzgrabungen als wissenschaftliche Untersuchungen durch und animierten, wenn auch ungewollt, zu Raubgrabungen: Ihre Arbeit verrichteten sie nämlich stets unter großer öffentlicher Anteilnahme.

Großsteingrab bei Stenum, Detail (Station 33)

Ein neues Zeitalter beginnt

Hügelgräber der Bronze- und Eisenzeit

Das Ende der großen Steine

In der späten Jungsteinzeit endete die Ära der Großsteingräber. Seit etwa 2700 vor Chr. bettete man die Toten einzeln zur letzten Ruhe und überhügelte den Leichnam, je nach ortstypischem Bodenmaterial, mit Erde, Sand oder Grasfladen. Obwohl sich in den Grabhügeln gelegentlich Nachbestattungen finden, war von nun an prinzipiell jedem Mann und jeder Frau ein eigenes Grab beschieden.

Baum und Urne

In der älteren Bronzezeit, etwa zwischen 2000 und 1200 v. Chr., setzte man die Toten bisweilen in ausgehöhlten Baumstämmen, so genannten Baumsärgen, bei. Während der jüngeren Bronzezeit (1200 bis 700 v. Chr.) indes muss ein umfassender Glaubenswandel stattgefunden haben: Die Körper- wurde durch Brandbestattung abgelöst, der Leichenbrand meist in Tonurnen beigesetzt. Aus der Vorrömischen Eisenzeit (700 bis Chr. Geb.) datieren Funde, die auf eine in Leinen oder Leder gehüllte Bestattung des Leichenbrandes schließen lassen. Grabbeigaben finden sich bei Brandbestattungen in der Regel in geringerer Zahl.

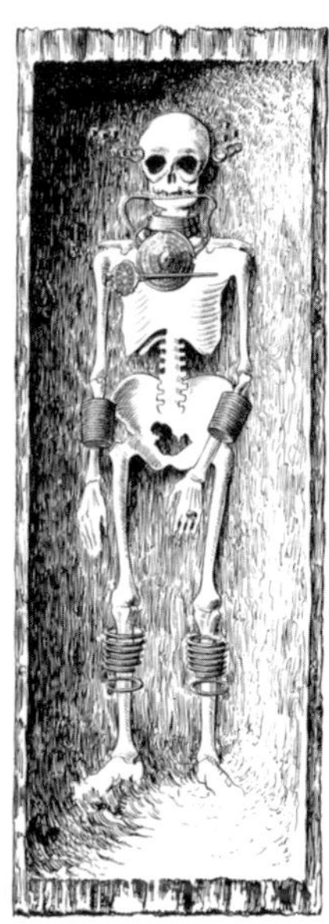

Baumsargbestattungen (nach H. Piesker 1958)

Bronzezeitlicher Höhenrausch

Die Größe der Hügelgräber kann, je nach Entstehungszeitpunkt, erheblich variieren. Stark verallgemeinert gilt, je älter, desto größer: Aus der älteren Bronzezeit stammen Hügel, die noch heute Höhen von mehr als 20 m und Durchmesser von bis zu 28 m aufweisen. Die Hügel aus der jüngeren Bronzezeit sind meist niedriger, verfü-

Bronzezeitliches Hügelgrab in Ströhen nahe Harpstedt

gen über Durchmesser von maximal 15 m. Hügelgräber aus der vorrömischen Eisenzeit sind so flach, dass sie für das Laienauge leicht zu übersehen sind.

Vom Schwinden der Hügel

Zu allen Zeiten fielen bronze- und eisenzeitliche Hügelgräber zerstörerischen Übergriffen anheim. So gestaltet es sich heute schwierig, konkrete Aussagen über die topographische Beziehung zwischen Grab und Siedlung, zwischen den Toten und den Lebenden, zu treffen. Da Hügelgräber vielfach unweit ehemals wichtiger Verkehrswege aufzufinden sind, kann man nur mutmaßen, dass die Bestattung nahe der Siedlungen erfolgte. Wegen des ruinösen Bestandes kann man zugleich keine präzisen Angaben über die durchschnittliche Hügelzahl eines typischen Gräberfeldes jener Zeitspanne vornehmen. Zumindest heute reicht die Palette von älteren Solitärhügeln bis zum größten erhaltenen bronze- und eisenzeitlichen Friedhof des nördlichen Mitteleuropa, dem Pestruper Gräberfeld (→ 26) mit ehemals wohl mehr als 1000 Hügeln.

Osnabrücker Land & Osnabrück

Wo des Teufels Megalithen ruhen

Gottes alttestamentarischer Widerpart, der Teufel, wurde im Osnabrücker Land häufiger bemüht – zumindest, wenn es darum ging, Namen für prähistorische Stätten zu kreieren: Hier trifft man auf die Teufelssteine (→ 1a), den Teufelsstein (→ 10b), den von diabolischer Erzählung umwobenen Süntelstein (→ 4a) und, gleich noch dazu, auf Teufels Backofen und -trog (→ 4b+c). Insgesamt haben sich in der Region rund 40 Großsteingräber erhalten. Sie konzentrieren sich primär auf den Bereich der Fürstenauer Berge bzw. auf

Großsteingrab bei Jeggen (Station 2)

das Osnabrücker Moränenhügelland. Für eine Großstadt hochgradig ungewöhnlich, blieben nahe des Osnabrücker Stadtzentrums immerhin sechs von ehemals mindestens neun Megalithanlagen vor der Zerstörung bewahrt. Mehrheitlich auf Anhöhen gelegen, wirken die urgeschichtlichen Stätten des Osnabrücker Landes mitunter besonders erhaben. Viele verkörpern Ausnahmeerscheinungen, allen voran die legendären Karlsteine (→ 7). Nicht etwa gerundete Granitfindlinge, wie üblich, sondern kantige Sandsteinblöcke nutzten die jungsteinzeitlichen Baumeister zu deren Errichtung. Einzigartig für den Nordwesten ist zudem eine geheimnisvolle 53 m lange Steinreihe, die zwischen zwei mächtigen Megalithgräbern bei Hekese positioniert wurde (→ 10a). In nur 60 Minuten Fußweg kommt man beim Steingräberweg Westerholte (→ 9) in den Genuss von gleich sechs beachtlichen Megalithanlagen und mehreren ansprechenden Hügelgräbern. Die majestätischen Gretescher Steine (→ 1b) und der ebenso riesen- wie rätselhafte Süntelstein (→ 4a) indessen waren zu Recht schon im 19. Jh. so manchem sinnenfrohen Städter einen ausgedehnten Sonntagsspaziergang wert.

Typischer Fachwerkbauernhof im Artland

Jenseits der Prähistorie

Schöne Heilbäder, entlegene Herrenhäuser, geschichtsträchtige Orte und sehenswerte Seen prägen das Osnabrücker Land. Mit einer Fläche von etwa 2121 km² und rund 359.000 Einwohner/inne/n gilt es als bevölkerungsreichste Region Niedersachsens. Nördlich von Osnabrück kann man sich den „Kulturschatz Artland“, über 100 unter Denkmalschutz stehende Bauernhöfe mit ungewöhnlich repräsentativen Giebeln, zu Gemüte führen. UNESCO Global Geopark TERRA.vita heißt der Naturpark, der sich zwischen nördlichem Teutoburger Wald und Wiehengebirge erstreckt. An einem einzigen Tag sind hier 300 Mio. Jahre Erdgeschichte zu durchleben. Einerlei, in welcher Weise man sich dem Osnabrücker Land zu nähern gedenkt, um eine Frage wird man nicht umhinkommen: Fand hier im Jahre 9 n. Chr. die legendäre Varusschlacht statt oder nicht? Wurde wahrhaftig hier, zwischen dem Kalkrieser Berg und dem Großem Moor, das rund 20.000 Mann starke Heer des Römers P. Quinctilius Varus vernichtend geschlagen? Seit Ende der 1980er Jahre gilt es als gesichert. Doch die Zweifler wollen nicht verstummen. Falls Sie sich selbst ein Bild machen möchten – gestalterisch ansprechende Überzeugungsarbeit leisten Museum und archäologischer Park Kalkriese. Nördlich von Kalkriese, in Campemoor, barg man übrigens eine weitere, kleine archäologische Sensation: Vom Moor konservierte Bohlenwege, die auf ca. 4700 v. Chr. datiert und damit als weltweit älteste ihrer Art betrachtet werden können.

Osnabrück: Stadt der Steinwerke & Friedensschlüsse

In der rund 165.600 Einwohner zählenden Metropole empfiehlt sich ein Rundgang durch die schöne Altstadt: „Hauptstadt der Steinwerke“ wird Osnabrück in Fachkreisen genannt. Zwar mag man Steinwerke auch anderen Ortes antreffen, im nahe gelegenen Schledehausen, Jeggen oder Ankum etwa, doch wurden in Osnabrück tatsächlich bisher – für Deutschland einzigartig – rund 150 Steinwerke nachgewiesen. Die ältesten dieser bis zum Dachgewölbe aus Stein gebildeten Bauten stammen aus der Zeit um 1200. Partiell über 2 m dicke Mauern sollten den wertvollen Handelswaren wohlhabender Kaufleute Schutz vor Feuer und gewalttätigen Übergriffen garantieren. Heute bekanntestes, allerdings von Anbeginn vordringlich repräsentativen Zielen verpflichtetes Steinwerk, ist der so genannte „Ledenhof" (14. Jh.). Unmittelbar gegenüber wurde das ehem. Fürstbischöfliche Schloss (1665/75), größtes niedersächsisches Barockschloss und heute zentrales Gebäude der Osnabrücker Universität, errichtet. Lange Zeit galt der mächtige Dom St. Petrus (12. Jh.), an dessen Stelle schon 785 ein erstes Gotteshaus geweiht wurde, als architektonisches Leitbild der Region. Bereits um 800 zum Bischofssitz erhoben, gilt Osnabrück als ältestes Bistum Niedersachsens. Das neben St. Petrus zu verortende Diözesanmuseum bietet manch interessanten Einblick in dieses wichtige Kapitel Stadtgeschichte. Als herausragendes Zeugnis zeitgenössischer Baukunst ist das Felix-Nussbaum-Haus zu bewerten. Vom populären US-amerikanischen Architekten Daniel Libeskind entworfen, spiegelt das expressive Bauwerk das tragische Leben des in Osnabrück geborenen deutsch-jüdischen Malers Felix Nussbaum (1904–44) wider. Über 170 Exponate zählen zum Besitz des vielbesuchten Hauses. Ebenfalls ein Sohn der Hase-Stadt ist Erich Maria Remarque (1898–1970), Autor des weltberühmten Antikriegs-Romans „Im Westen nichts Neues" (1929). Das renommierte E. M. Remarque-Friedenszentrum bietet eine Dauerausstellung zu Leben und Werk des Schriftstellers. Stetig wechselnde, dem Themenschwerpunkt „Krieg und Frieden" geltende Sonderausstellungen ergänzen das Angebot. Überhaupt wird der Frieden in Osnabrück großgeschrieben. Wurde doch im Jahre 1648 von der Treppe des bemerkenswerten spätmittelalterlichen Rathauses, direkt gegenüber von Marienkirche (12./13. Jh.) und Stadtwaage (16. Jh.), der Westfälische Friede verkündet. So nahm der unselige Dreißigjährige Krieg, dem mehr als 3 Mio. Menschen zum Opfer fielen und der ganze Landstriche entvölkerte, sein Ende. Satte 367 Jahre später, 2015, wurde der formidable Sandsteinbau daher mit dem Europäischen Kulturerbe-Siegel ausgezeichnet. Heilige Hallen für die Kunst – diese Forderung nimmt man in Osnabrück wörtlich: In der ehemaligen Dominikanerkirche erhalten wechselnde Ausstellungen zur zeitgenössischen Kunst einen erlauchten Rahmen. Nach so viel erhebendem Kulturvergnügen scheint ein Ausflug in die Natur ratsam. Das neben dem Zoo erbaute Museum am Schölerberg – Natur und Umwelt – Planetarium versorgt Sie mit einer Reihe anregend aufbereiteter Hintergrundinformationen. In der Dauerausstellung „unter.welten" nehmen Sie eine keineswegs alltägliche Perspektive ein. Sie erleben, was sich einige Meter unterhalb der sichtbaren Erdoberfläche abspielt. Unweit des Museums markiert das Großsteingrab am Schölerberg den Beginn der „Straße der Megalithkultur". Die NO-SW ausgerichtete Stätte (ursprgl. Kammerbreite: ca. 1,5 m), bei der alleine die südlichen Tragsteine in Originallage verblieben sind, ist erst auf den zweiten Blick als Hinterlassenschaft der Trichterbecherkultur zu identifizieren: Mitte des 19. Jahrhunderts

Rathaus des Westfälischen Friedens, Osnabrück

wurde sie umfunktioniert - zuerst, wie u.a. spekuliert wird, als Bestandteil eines Wegeleitsystems, danach als sog. Kriegerdenkmal. Letztgenannte Umnutzung folgte einer seit dem 19. Jh. etablierten, der ideologischen Vereinnahmung von Großsteingräbern verpflichteten Praxis (vgl. S. 24f.).

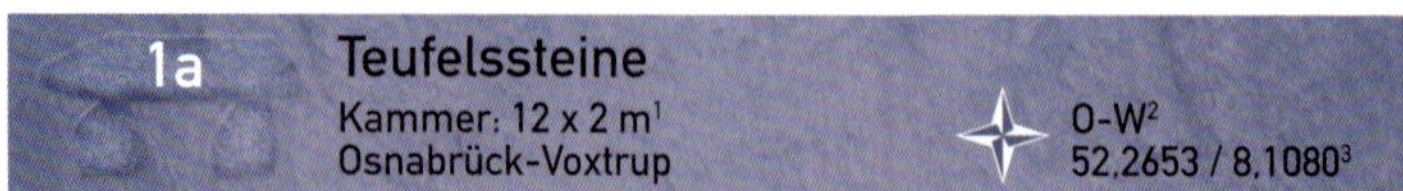

Von Osnabrück-Zentrum über die Mindener Straße Richtung Lüstringen. Kurz vor der A 33 rechts in den Seilerweg. Nach 150 m links in den Heideweg. Ca. 500 m geradeaus bis zur „Teufelsheide". Ab hier führt ein schmaler Fußweg zu dem von Kiefern gesäumten Grab.

Respektables Präsent

Bei der Namensgebung der beeindruckenden Teufelssteine ließ man in der Vergangenheit allerlei Uneinheitlichkeit walten. Gelegentlich auch Düvelsteine, Teufelsbett oder Lehzensteine genannt, verwundert vor allem letztgenannte Bezeichnung. Sie ist einem, aus heutiger Sicht kuriosen Umstand zu verdanken: 1822 überreichten die Schinkeler Markgenossen dem damaligen Konsistorialdirektor Lehzen, angeblich aus purer Dankbarkeit, ein äußerst stattliches Geschenk – nämlich die Teufelssteine.

Prähistorische Störenfriede?

So verlockend zentral die heutige Lage der Teufelssteine an der Osnabrücker Peripherie erscheinen mag, hat sie durchaus einen unschönen Nebeneffekt: In der Nähe des Jahrtausende alten Bauwerks wurden ein Umspannwerk und etliche Industriebetriebe angesiedelt. Dass man sich bei den meisten erhaltenen Großsteingräbern des Osnabrücker Landes eines ansprechenderen Ambientes erfreuen kann, sollte keineswegs zu falschen Rückschlüssen verleiten. Die Kombination von jungsteinzeitlicher Grabstätte und neuzeitlicher Industrieanlage ist – so paradox es klingen mag – beinahe vorbildlich. Schließlich wurden die meisten Megalithanlagen während der letzten Jahrhunderte vernichtet oder zumindest versetzt, sofern sie wirtschaftlichen oder städtebaulichen Interessen im Wege standen.

Die Teufelssteine heute

Von den ehemals sechs Decksteinen wird lediglich einer vermisst, einer liegt sogar noch auf. Die Wandsteine sind fast ausnahmslos erhalten – und zwar in Originalposition. Die ovale 14,7 x 4,1 m messende Umfassung hingegen weist merkliche Lücken auf.

---

1 Sofern nicht anders vermerkt, handelt es sich bei den Größenangaben stets um Innenmaße.

2 Orientierung der Grabkammer.

3 Koordinaten nach WGS84-Bezugssystem.

Teufelssteine

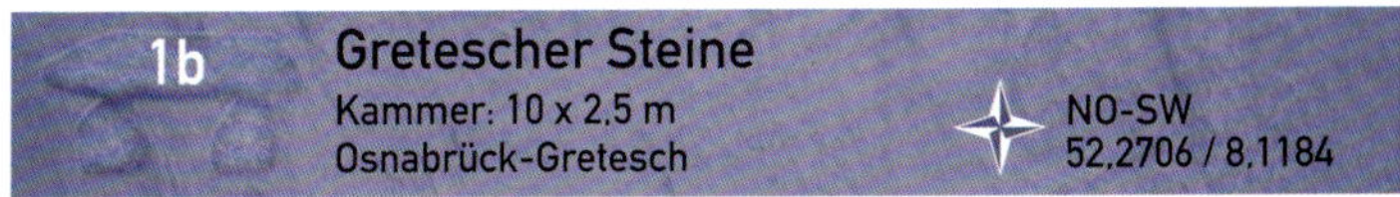

Von Osnabrück-Zentrum auf der Mindener Straße Richtung Lüstringen. Etwa 700 m nach der A 33 folgt links die Gerhard-Schoeller-Straße. Das Grab liegt östlich der Straße auf einer Anhöhe.

Thronender Gigant

Meistens wird das berühmte Grab nach seinem Standort Gretesch benannt. Früher waren aber auch die Bezeichnungen „Dicke Steine“ bzw., in Anlehnung an den insbesondere im 19. Jh. etablierten Hermanns-Kult, „Hermannsteine“ geläufig. Die Gretescher Steine zählen zu den bemerkenswertesten urgeschichtlichen Anlagen des Osnabrücker Landes. Ihre prächtigen, von Eichen, Buchen und Kiefern gerahmten Findlinge „thronen“ geradezu oberhalb des Hochufers des Gretescher Baches und markieren den würdigen Endpunkt eines am Wegesrand installierten Zeitstrahls, der herausragenden historischen Bauleistungen huldigt. Schon früh tangierten die Gretescher Steine die Gemüter. Seit dem beginnenden 18. Jh. brachten Maler und Graphiker zunehmend idealisierte Ansichten in Umlauf, bei denen der das Steilufer herabgestürzte Abschlussstein markant in Szene gesetzt wurde.

Krodos Hünen

Während mancher Zeitgenosse noch über der geheimnisvollen Funktion vergleichbarer Megalithanlagen brütete, erkannte Zacharias Goeze, seines Zeichens Rektor des Osnabrücker Ratsgymnasiums, schon im 18. Jh., dass es sich bei den Gretescher Steinen um eine Grabstätte handeln müsse. Der gebürtige Osnabrücker Justus Möser wusste sogar hinsichtlich der Erbauungstechnik Rat. Bereits im

Gretescher Steine

Jahre 1768 zog er in Erwägung, dass die riesenhaften Findlinge mit Hilfe von Hebebäumen bewegt worden sein könnten. Nur bei der Herkunft der Bestatteten irrte man sich dezent: Rektor Goeze wähnte Hünen und Priester des sagenhaften Götzen Krodo, einem als besonders blutrünstig diffamierten Heidengott, unter den schweren Findlingen. Nicht übermenschliche Wesen, sondern übermenschliche Kräfte nährten ein anderes Gerücht, das den Müllern der benachbarten Mühle ungeheure Kräfte zuschrieb. Mit bloßen Händen, erzählte man sich, hätten sie die Granitblöcke der Gretescher Steine zusammengetragen.

Die Gretescher Steine heute

Viele Megalithen der offenbar ohne Umfassung erbauten Kammer befinden sich in Originallage, fünf Decksteine sind vor Ort verblieben. Der nordöstliche Abschlussstein ist den Steilhang zum Bach hinuntergestürzt. An der südöstlichen Langseite befand sich vielleicht ein Zugang.

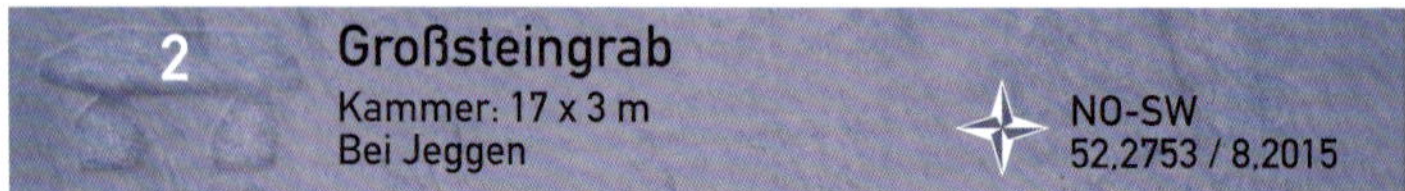

L 90 Osnabrück Richtung Wissingen. Hinter Jeggen-West links auf die K 324 Richtung Schledehausen. Am Jeggener Ortsausgang rechts, dann wieder rechts in den Niederfeldweg. Das Grab folgt nach ca. 300 m, östlich der Straße.

Arkadien in Jeggen

Aus dem frühen 19. Jh. stammt eine Graphik, die das bemerkenswerte Jeggener Großsteingrab vor überaus idyllischer Landschaft präsentiert. Sucht man dieser Tage die neolithische Anlage auf, erweist sich die Graphik rasch als zeittypisch idealisiert. Zwar bietet sich den Besuchern in der Tat ein angenehmes Panorama, doch ist das Grab in Wirklichkeit kleiner, die angedeuteten Hügel entschieden niedriger als in dem Kupfer. Es scheint, als habe sich der Künstler, dessen Name leider nicht überliefert ist, weniger von den realen Gegebenheiten, als vielmehr vom seinerzeit beliebten Arkadien-Ideal, der Sehnsucht nach dem irdischen Paradiese, leiten lassen. Überhaupt liebte man damals bewegende Motive. Mit Vorliebe fertigte man Graphiken, bei denen fiktive oder real existierende Großsteingräber in berauschende Landschaften gehüllt, als so genannte „memento mori“, als Mahnung an die Sterblichkeit des Menschen, in Szene gesetzt wurden. Trotz aller Endlichkeits-Besinnung sei betont, dass die ungewöhnlich hoch aus dem Erdreich ragenden Megalithen des Jeggener Großsteingrabes in natura einen ausgesprochen unvergänglichen Eindruck hinterlassen. Dieser findet in der schönen Eiche, die sich inzwischen in der Grabkammer angesiedelt hat, eine angenehme Entsprechung.

Graphik des Jeggener Großsteingrabes (frühes 19. Jh., nach Sprockhoff 1975)

Das Großsteingrab bei Jeggen heute

Im Großen und Ganzen ist das Grab relativ gut erhalten, obschon die erhaltenen acht Decksteine zum Teil merkliche Sprengspuren aufweisen. Die nordwestliche Langseite und die beiden Schmalseiten sind weitgehend intakt erhalten, die Wandsteine der gegenüberliegenden Langseite nach außen gefallen.

Großsteingrab bei Jeggen

3a Driehauser Steine

Kammer: 16,8 x 1,8 m
Bei Schwagstorf
O-W
52,3600 / 8,1980

K 416 Schwagstorf Richtung Driehausen. Nach 1 km links in die Driehauser Feldstr. Das Grab liegt knapp 600 m entfernt, westlich der Straße, von Bäumen gesäumt, auf einem Acker und ist über einen Fußweg erreichbar.

Geheimnisvolle Schälchen

Dass man im 19. Jh. erzählte, man habe bei den Driehauser Steinen eine Urne mit Gold- und Kupfermünzen gefunden, sei nur nebenbei erwähnt. Wichtiger scheint ein Hinweis auf die flachen Bohrungen, die bei zwei Decksteinen zu erkennen sind. Dringend von Sprenglöchern des 19. Jahrhunderts zu unterscheiden, handelt es sich hierbei um so genannte „Näpfchen" bzw. „Schälchen". Bei den Driehauser Steinen weisen sie einen durchschnittlichen Durchmesser von rund 6 cm und eine Tiefe von ungefähr 1–1,5 cm auf. Vergleichbare Bohrungen lassen sich vielerorts in Europa nachweisen. Vorwiegend werden sie in die späte Jungstein- oder Bronzezeit datiert, obwohl bezüglich ihres exakten Entstehungszeitpunktes Uneinigkeit herrscht. In Nordwestdeutschland trifft man wiederholt auf Schälchen (→ 10b, 27b). Gemeinhin spricht man ihnen eine rituelle Bedeutung im spätjungstein- bzw. bronzezeitlichen Totenkult zu, wenngleich sich ihr konkreter Zweck eigentlich nur schwerlich rekonstruieren lässt.

Fettnäpfchen oder Fruchtbarkeitssymbole?

Immer wieder sind und waren die mysteriösen Schälchen Gegenstand ebenso phantasievoller wie abenteuerlicher Deutungsmodelle, wobei sich unter die „Schalendeuter" gerne auch beherzte Laien mischen. Die Steine hätten als Entnahmestellen von Gesteinsstaub zu Heilzwecken gedient, heißt es bisweilen. Anderen Ortes diskutiert man, ob sie nicht vielmehr als Opfergefäße fester Substanzen wie Butter oder Fett oder gar als Standorte von Totenlichtern, Träger von Fruchtbarkeitssymbolen, Wegzeichen, Ortsplänen, Sternbildern, Brettspielen oder als Vorrichtung zur Eislinsen-Erzeugung dienten. Angesichts der erschlagenden Fülle waghalsiger Schalen-Theorien sollte man unbedingt im Hinterkopf behalten, dass alle bisherigen Deutungsmodelle eines konkreten wissenschaftlichen Belegs entbehren.

Driehauser Steine

Elfensteine

Schalensteine, glaubte man früher in Schweden, seien von Elfen zum Mehlmahlen genutzt worden und so gab man ihnen den schönen Namen „Elfensteine". In Frankreich dagegen war man der Überzeugung, Feen und Riesen hätten die Einkerbungen zu verantworten und legt noch heute im Glauben an die Beschwichtigung übler Dämonen und zur Heilung von Kranken kleine Opfergaben wie Blumen, Beeren oder Münzen in die künstlichen Vertiefungen.

Die Driehauser Steine heute

Das Grab, das eine langovale, lückenhafte Einfassung erkennen lässt, ist recht gut erhalten. Alle Wand- und Decksteine sind vor Ort verblieben – die Wandsteine sogar vorrangig in entstehungszeitlicher Lage. Die elf Decksteine sind in die Kammer verstürzt. Interessanterweise verjüngt sich die Anlage zu den Enden hin.

In **Schwagstorf** lohnt das **Museum Schnippenburg** einen Abstecher: Es wartet mit sehenswerten, regional geborgenen Exponaten zum Thema „Kelten in Europa".

3b-d Darpvenner Steine

Bei Schwagstorf

3b) Kammer: 15,5 x 1,5 m, O-W, 52,3684 / 8,1820
3c) Kammer: 8 x 2,3 bis 2 m, O-W, 52,3673 / 8,1819
3d) Kammer: 10,5 x 1,5 m, O-W, 52,3669 / 8,1813

K 416 Schwagstorf Richtung Driehausen/Borgwedde. Die Gräber folgen, ca. 2,3 km westlich von Schwagstorf, nördlich und südlich der K 416, unweit des Wanderparkplatzes nahe der Gaststätte „Zur Hünenburg". Parken auf dem Wanderparkplatz. Fußweg zu den Steingräbern entlang der Straße.

Reiche Funde

Nicht weit von den Driehauser Steinen entfernt, befinden sich mit den Darpvenner Steinen gleich drei gut erhaltene Megalithgräber. Bis ins vorvorletzte Jahrhundert existierten vor Ort sogar noch mehr jungsteinzeitliche Grabstätten. Wahrscheinlich war es diese auffällig hohe Konzentration auf einer „Burg" genannten Anhöhe, die schon früh müden Forschergeist wachrüttelte: Es ist nicht bekannt, ob Graf Münster höchstpersönlich oder einer seiner Brüder bzw. Vettern Anfang des 19. Jh. bei den Darpvenner Steinen zum Spaten griff. Sicher ist jedoch, dass der Grabungsdrang mancherlei Sehenswertes zutage förderte. Konkret wurden seinerzeit aus den südlichen Gräbern 124 Tongefäße unterschiedlicher Gestalt, 16 Steinbeile, 38 querschneidige Pfeilspitzen, acht kleine Bernsteinperlen, eine durchbohrte Bernsteinscheibe und mehrere Feuersteingeräte geborgen. Alle Funde sind inzwischen in den Besitz des Landesmuseums Hannover übergegangen. Auch in der näheren Umgebung der Gräber wurde man fündig. Südwestlich der

Großsteingräber stieß man auf sieben älterbronzezeitliche Grabhügel und westlich entdeckte man einen großen, heute durch Sand- und Kiesabbau zerstörten Urnenfriedhof der jüngeren Bronze- bis frühen Eisenzeit.

Die Darpvenner Steine heute

Grab 3b

Die nördlich der Straße gelegene Grablege ist die optisch beeindruckendste. Sie fällt durch eine ziemlich lange Steinkammer ins Auge, deren eng anliegende ovale Einfassung vor allem im Nordosten und Südwesten einige Lücken aufweist. Die Wandsteine sind beinahe vollständig, zumeist in Originallage erhalten. Von den ehemals 10 Decksteinen sind noch sechs zu sehen. Einer liegt sogar noch auf.

Grab 3c

Das direkt südlich der K 416 auf einer Anhöhe „ruhende" Großsteingrab ist beinahe nur halb so groß wie Grab 3b. Wahrscheinlich verfügte es ehemals über sechs Decksteine. Heute sind noch drei in Ergänzung einzelner Decksteinbruchstücke zu sehen. An der Nordseite befinden sich die Wandsteine vorrangig in Originalposition, an der Südseite dagegen sind sie überwiegend verstürzt.

Grab 3d

Nur wenige Schritte südwestlich von Grab 3c gelangen Sie zu diesem Grab. Die Kammer wies aller Wahrscheinlichkeit nach ursprünglich acht Decksteine auf. Eine Einfassung ist nicht erkennbar. Grab 3d ist länger und schmaler, überdies ein wenig besser erhalten als sein nordöstlicher Nachbar: Von den Wandsteinen befinden sich beinahe alle in entstehungszeitlicher Lage, lediglich einer ist verschwunden. In der Kammer liegen vier Decksteine, einer davon in gesprengtem Zustand.

Nordwestlich von Station 3a, bei Darpvenne, ist die sehenswerte Rekonstruktion eines **Eisenzeithauses** zu begutachten. Von hier ist es nicht mehr weit zur **Venner Mühleninsel**, wo schon im 11. Jh. eine erste Wassermühle entstand und heute teilrekonstruierte historische Gebäude zu besichtigen sind. 3 km nordwestlich warten **Museum und Park Kalkriese**, uneingeschränktes Muss für alle Geschichtsbegeisterten.

4a-c a) Süntelstein b) Teufels Backtrog c) Teufels Backofen

Bei Vehrte

4a) Oberirdisch sichtbare Maße: ca. 4 x 2,6 x 1,7 m, ✦ 52,3574 / 8,1490
4b) Kammer: 6 x 1,7 bis 1,3 m, ✦ NW-SO, 52,3502 / 8,1597
4c) Kammer: 6 x 2 m, ✦ O-W, 52,3485 / 8,1608

L 109 Rulle Richtung Vehrte. Ca. 1,7 km hinter Icker im Kreisverkehr geradeaus. Nach ca. 870 m links in die Venner Str., nach weiteren 350 m rechts in Farnbrink und links in Vehrter Bergstraße bis Engelriede. Ab hier der Beschilderung folgen. Fußweg zum Süntelstein mit Parkmöglichkeit am Naturfreundehaus Vehrte. Fußweg zu Teufels Backtrog und Teufels Backofen mit Parkmöglichkeit am Wittekindsweg.

Koloss aus ferner Zeit: Der Süntelstein

Süntelstein

Weit vor unserer Zeit fand man Gefallen daran, exorbitant große Steine aufzurichten. Auch der so genannte „Süntelstein" zeugt von dieser Praxis. Da sich vergleichbar inszenierte Monolithen in Nordwestdeutschland selten nachweisen lassen, überrascht es nicht, dass der zuweilen auch als „Teufels-" oder „Sonnenstein" bezeichnete Granit weit über die Grenzen des Osnabrücker Landes hinaus bekannt ist. Schon im 18. Jh. stellte er ein beliebtes Ausflugsziel dar und spätestens seit dem 19. Jh. wurde er wiederholt in wissenschaftlicher und heimatkundlicher Literatur erwähnt. Noch heute ist er symbolischer Bestandteil des Wappens der Gemeinde Belm und tatsächlich fasziniert der Monolith schon alleine wegen seiner beachtlichen Höhe: Nahezu 4 m sind oberhalb des Erdreiches erkennbar. Angeblich wurde der Süntelstein, dessen Name wohl auf die veraltete Bezeichnung des Wiehengebirges (sunth = steil & dal = Tal) zurückgeht, früher von einem Kranz kleinerer Steine gesäumt.

Bretonische Sitten in Niedersachsen?

Letztlich weiß man bis zum heutigen Tage nichts Genaues über Herkunft und Nutzung des Süntelsteins. Als gesichert gilt lediglich, dass der mysteriöse Stein von Menschenhand aufgerichtet wurde. Wann jedoch und vor allem warum, bleibt schleierhaft. So kann nur vermutet werden, dass der Süntelstein in die Jungstein- oder Bronzezeit zu datieren und in ideeller Nähe zu den so genannten „Menhiren" (maen = Stein, hir = lang) zu sehen ist. Menhire finden sich besonders häufig in der Bretagne. Ihre Funktion aber – und somit potenziell auch die des Süntelsteins – ist vollends unbekannt. Dienten Menhire als Denkmale? Nutzte man sie zur Opferniederlegung? Die Forschung hadert mit vielerlei Interpretationsansätzen.

Teuflische Aktion

Nach einer mündlichen Überlieferung lebte einst der Teufel im Vehrter Bruch. Selbstredend war ihm die Venner Kirche ein Dorn im Auge. So plante er eines Nachts, einen Findling aus dem Vehrter Bruch zur Kirche zu schleppen, um den Eingang ein für alle Male zu versperren. Doch der Transport gestaltete sich ungewöhnlich beschwerlich. Als es schon auf halber Wegstrecke Tag wurde, rammte der Teufel den riesenhaften Stein wutentbrannt in den Boden und verschwand. Die tiefen Risse in der oberen Hälfte, so heißt es, künden noch heute von der teuflischen Aktion: Sie zeugten von einer Kette, die der Teufel um den Stein geschnürt habe. Auch streute man das Gerücht, der Süntelstein drehe sich in Erinnerung an die Rettung der Venner Kirche jeden Morgen beim ersten Sonnenstrahl dreimal um die eigene Achse.

Steine des Anstoßes: Zur Namensgebung von Teufelsbacktrog und -ofen

Der Irrglaube, bei Großsteingräbern wie diesen handele es sich eigentlich um Backöfen, rührt aus der formalen Ähnlichkeit und war früher sehr etabliert. Zugleich bereiteten heidnische Male bekanntlich manchem Christ äußerstes Unbehagen und so wurden auch diese beiden jungsteinzeitlichen Stätten als Teufelswerk verhöhnt. Eine Erzählung zu den Gräbern ist nicht überliefert. In einer Geschichte zum Süntelstein nutzt man sie aber als Beleg dafür, dass der Teufel einst wahrhaftig im Vehrter Bruch lebte.

Teufels Backtrog & Teufels Backofen heute

Der Teufelsbacktrog, das nördliche Großsteingrab, liegt in einem Eichen-Buchenmischwald. Er verfügt über relativ bescheidene Maße und steckt noch tief im Waldboden. Drei der ursprünglich mutmaßlich vier Decksteine wurden überliefert. Sie liegen allesamt auf – wenn auch verschoben. In früheren Schriften wurden Spuren einer Umfassung erwähnt. Der Teufels Backofen, das südliche Megalithgrab, liegt inmitten eines Ackers, von Birken und Eichen umgeben. Auch seine Kammer ist vergleichsweise klein. Wie beim Backtrog haben sich drei von ehemals vermutlich vier Decksteinen erhalten. Allerdings ist keiner in entstehungszeitlicher Lage anzutreffen. Spuren einer Umfassung sind nicht vernehmbar, aber ein schmaler, aus zwei Wand- und einem verschobenen Deckstein gebildeter Zugang an der südlichen Langseite.

Nahe **Belm-Vehrte** kann man sich buchstäblich schwarze Finger holen: In der **Schwarzkreidegrube Vehrte** wurde bis 1967 sog. Schwarze Kreide abgebaut, die u.a. für die Herstellung von Farben benötigt wurde. Weitere aufschlussreiche Details vermittelt ein eigens installierter Erlebnispfad (www.geopark-terravita.de/erlebnispfade).

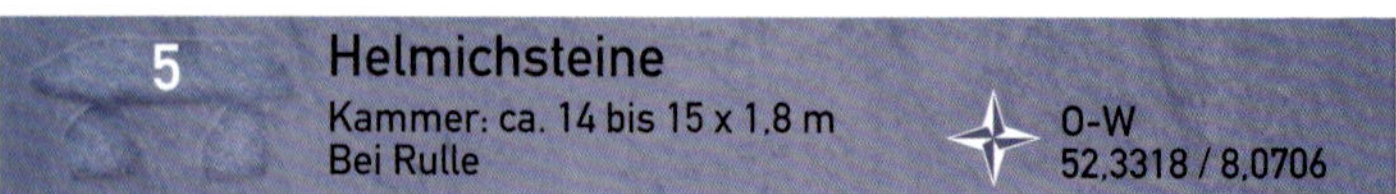

L 109 von Vehrte nach Rulle. Hinter dem Ortseingang im Kreisel links auf den Stadtweg, im nächsten Kreisel links auf „Im Esch“. Das Grab liegt ca. 100 m entfernt, südlich der Straße.

Gevas letzte Ruhestätte

Lange Zeit nach Errichtung des Großsteingrabes ging das zugehörige Grundstück in Besitz des Colonen Helmich zu Rulle über – daher der Name „Helmichsteine“. Früher munkelte man, Geva von Westfold, die Gemahlin Widukinds, sei hier im Jahre 800 n. Chr. beigesetzt worden. Allerdings existiert manch weitere Erzählung, nach der die sterblichen Überreste der im zarten Alter von 30 Jahren entschlafenen

Helmichsteine

Sachsenherzog-Gattin vollständig anderen Ortes zu lokalisieren seien. Das Umfeld der Helmichsteine wurde in jüngster Zeit neu gestaltet. Es wurden einige Informationstafeln installiert und der ehemalige Standort zerstörter Megalithen angedeutet: Die ursprüngliche Position der verschwundenen Umfassung wird nun durch eine Hecke, die der zerstörten Wandsteine durch kleine Metallelemente markiert.

Die Helmichsteine heute

Infolge wiederholter Sprengungen ist das Grab nicht in bestem Zustand. Das östliche Kammerende fehlt komplett. Ein Deckstein liegt noch auf den Wandsteinen. Zwei weitere sind zusammen mit Bruchstücken anderer Decksteine in der Kammer vorzufinden. Das Kammerinnere ist vollständig mit Erde gefüllt.

1 km nordwestlich der Helmichsteine erbaute man das **Zisterzienserinnen-Kloster Rulle** (ab 13. Jh.), wo 1347 dank eines Hostienwunders die Entstehung „Heiligen Blutes" verkündet wurde; das Kloster avancierte zum wichtigsten Wallfahrtsort Westniedersachsens. Etwa 1 km südöstlich der Helmichsteine, direkt auf der Strecke zu den Oestringer Steinen, finden Sie, im ansehnlichen **Nettetal**, die Ruinen der **Wittekindsburg**. Mit einer Gesamtfläche von 16 ha gilt sie als größte frühgeschichtliche Burganlage Niedersachsens und wurde wahrscheinlich seit dem späten 8. Jh. genutzt. Nur der Erzählung nach befand sie sich in Besitz Widukinds. Zumindest konnte man eine tatsächliche Verbindung zu dem Sachsenherzog bisher nicht nachweisen.

6a+b Oestringer Steine

Osnabrück-Haste

6a) Kammer: ca. 16 x 2 m, ✢ O-W, 52,3152 / 8,0822
6b) Kammer: ca. 20 x 2 m, ✢ NO-SW, 52,3145 / 8,0816

L 109 Vehrte Richtung Rulle. In Rulle hinter dem Ortseingang im Kreisel links auf den Stadtweg. Nach 750 m links in die Garthauser Reihe. Nach 1 km der Straße Nettetal, nach weiteren ca. 1,5 km dem Östringer Weg folgen. Die Gräber sind südlich der Straße, nach ca. 200 m, zu besichtigen.

Verräterische Furchen

Wahrlich nicht gut gemeint hat man es mit den Oestringer Steinen. Hiervon zeugen nicht nur Furchen und Keillöcher, die auf Spaltversuche deuten, sondern der oberflächlich sichtbare Erhaltungszustand insgesamt.

Die Oestringer Steine heute

Von den Rudimenten einer Einfassung gerahmt, steckt die Kammer des westlich gelegenen Grabes (6b), noch tief im Erdreich. Auch die östliche Megalithanlage (6a) weist Spuren einer Einfassung auf. Das Grab lässt neun zum Teil zerbrochene Decksteine erkennen.

7a+b Karlsteine

Osnabrück-Haste

7a) Kammer: 8,5 x 3 bis 2,3 m, ✢ O-W, 52,3170 / 8,0378
7b) Kammer: 5 x 1,8 m, ✢ O-W, 52,3168 / 8,0383

K 313 Rulle Richtung Lechtingen. Osnabrücker Straße links. Kurz nach Unterquerung der B 68 befindet sich rechts eine Parkbucht. Von hier dem Fußweg folgen zu den östlich der Straße auf einer Anhöhe gelegenen Gräbern.

Kohlesandstein statt Granit

Dicht vor den Toren Osnabrücks wartet mit den Großen Karlsteinen (7a), gelegentlich auch Schluppsteine genannt, ein Großsteingrab der besonderen Art. Gerne wird es als bedeutendstes des Osnabrücker Landes gehandelt. Gleich mehrere Erzählungen kursieren um das Monument und überhaupt zählt es zu den meistzitierten Megalithanlagen Niedersachsens. Doch warum? Aus dem Rahmen fallen die Großen Karlsteine zunächst, weil sie ungewöhnlicherweise nicht aus Granit, sondern aus Kohlesandstein des nahe gelegenen Piesbergs gebildet wurden. Außerdem ist die sehr gut erhaltene Kammer des populären Mals aufsehenerregend hoch und breit, die Decksteine gewaltig. Der größte misst 3,7 x 2,2 x 0,8 m. In Hanglage erbaut, sind die Großen Karlsteine schon von Weitem sichtbar. Mancher Forscher will das Grab daher als prominenten Richtpunkt eines alten Handelsweges verstanden wissen.

Die Großen Karlsteine

Brisanter Namenspatron

Dass das jungsteinzeitliche Bauwerk ausgerechnet nach Karl dem Großen benannt wurde, scheint nicht ohne Brisanz. Schließlich war es niemand Geringerer als er selbst, der im Jahre 789 in Aachen ein Edikt zur Zerstörung aller Großsteingräber erlassen hatte. Gleichwohl besteht dieser Widerspruch nur auf den ersten Blick. Wo die Zerstörung heidnischer Stätten missglückte, war es durchaus üblich, verbale Christianisierungsversuche zu starten: Entweder gab man den ungeliebten Orten einen christlichen Namen oder man schmückte die Stätten mit Geschichten, die das Christentum priesen.

Wie man mit Pappelholz Steine sprengt

Karl der Große wollte den Sachsenherzog Widukind einer Erzählung zufolge bei den Karlsteinen durch ein friedliches Gespräch zum Christentum bekehren. Widukind aber habe voller Misstrauen reagiert, hieß es. Er verlangte nach einem Zeichen des Christengottes. Karl solle einen der Decksteine mit einer Pappelholz-Gerte zerschmettern. Und tatsächlich, kaum verstummte Widukind, brach der Stein entzwei. Laut einer anderen Erzählung schlug Karl der Große resigniert mit einer Gerte auf einen der Steine. So unmöglich es sei, den Stein zu brechen, so unmöglich sei es, die Sachsen zu bezwingen, rief er und prompt zersprang der mächtige Stein.

Die Großen Karlsteine, Detail

Beide Karlstein-Erzählungen besitzen ein ähnliches Ziel. Sie künden von der Absicht, die Zwangschristianisierungs-Maßnahmen Karls des Großen in milderes Licht zu tauchen. Ungewöhnlich war das nicht. Mühelos lassen sie sich in ein ganzes Konglomerat von Mythen und Erzählungen einreihen, die man in Niedersachsen zu den angeblichen Wirkstätten des späteren römischen Kaisers erdachte.

Im Blickfeld von Kirche, Kunst und Kennern

Selbstredend animierte die sandsteinerne Anlage die Kunstwelt zur Anfertigung glorifizierender Werke. Spätestens seit dem 17. Jh. bedachte man sie mit Gedichten, Erzählungen, Graphiken und Gemälden, auch zierte die Grabstätte manches Titelblatt. Selbst der seinerzeit populäre Goethe-Maler Johann Heinrich Wilhelm Tischbein (1751–1829), seit 1808 am Hofe des Herzogs von Oldenburg tätig, ließ es sich nicht nehmen, ein Aquarell anzufertigen (heute: Oldenburger Landesmuseum für Kunst und Kulturgeschichte). Der steigende Bekanntheitsgrad des heidnischen Males bereitete offenbar manchem Christen Kopfzerbrechen. So wurde – sicherlich nicht zufällig – unweit südlich der Karlsteine das „Kreuz im Hone" installiert, um daran zu erinnern, dass in unmittelbarer Nachbarschaft des heidnischen Bauwerks angeblich die erste christliche Messe des Osnabrücker Landes gelesen wurde. Das Interesse an den Karlsteinen stagnierte – im wörtlichen Sinne – keinesfalls auf oberflächlicher Ebene: Selbsternannte Altertumskenner führten seit dem späten 17. Jh. unsystematische Grabungen durch. Bedauerlicherweise sind die Ergebnisse nur leidlich dokumentiert. Ein so genannter „Donnerkeil" – vermutlich ein Steinbeil –, ein Dolch sowie einzelne Tier- und Menschenknochen wurden in früherer Zeit als geborgen gemeldet. Einige der Grabungsfunde, drei menschliche Schädelreste, zwei Keramikfragmente und zwei Spinnwirtel, werden heute im Kulturhistorischen Museum Osnabrück aufbewahrt.

Die Großen Karlsteine heute

Die ohne Umfassung erbaute, trapezoide Anlage befindet sich in sehr gutem Erhaltungszustand. Von den vier gewaltigen Decksteinen liegt der westliche auf, der Rest ist verrutscht oder hinabgestürzt. Die Wandsteine sind nahezu vollständig erhalten, wenn auch nicht allerorts in entstehungszeitlicher Lage. Im Umfeld des Grabes fallen viele kleinere Steine ins Auge. Man vermutet, dass sie ehemals als Füllwerk der Zwickel dienten.

Die Kleinen Karlsteine heute

Ca. 50 m entfernt liegen die Kleinen Karlsteine (7b). Gleichermaßen aus Kohlesandstein gebildet, sind sie ungleich kleiner, überdies schlechter erhalten. Viele Steine fehlen, andere sind verstürzt. Der Eingang der entstehungszeitlich wohl mit vier Decksteinen versehenen Kammer muss sich südlich befunden haben. 1807 untersuchte Graf Münster die Grablege. Urnenscherben, unverbrannte Menschenknochen, einige Feuersteingeräte und ein Steinpflaster in der Kammer notierte er als Fund.

Steinbegeisterten Wanderfreunden empfiehlt sich der westlich der B 68 gelegene **Rundwanderweg am Piesberg**. U.a. führt er zum so genannten „**Knieanbetungsstein**", einem mächtigen Felsblock mit je zwei Vertiefungen für Knie und Füße. Knapp 4 km nördlich der Karlsteine treffen Sie in **Wallenhorst** auf die **Alte Alexanderkirche**, erstmals 851 anlässlich des Reliquien-Transports des hl. Alexander nach Wildeshausen erwähnt.

8 Großsteingrab Am Wiemelsberg

Kammer: 9,5 x 1,8 m
Bei Ueffeln
O-W
52.4503 / 7.8627

B 68 über Wallenhorst und Bramsche Richtung Hesepe. Nach ca. 13 km auf die B 218 Richtung Ueffeln. In Ueffeln L 70 (Neuenkirchener Allee) Richtung Neuenkirchen. Nach 250 m rechts in die Straße Am Wiemelsberg, dann rechts in den Steingräberweg. Nun dem ausgeschilderten Fußweg in den Wald zum Großsteingrab folgen (ca. 500 m).

Vortrefflich überliefert

Diese schön gelegene Grablege kann sich zwar mit keiner populären Erzählung brüsten. Dafür aber gilt sie, von einprägsam gewachsenen Eichen gerahmt, als das einzige vollständig erhaltene Megalithgrab des Osnabrücker Landes. Auf der Suche nach Gold führte man anscheinend schon Ende des 18. Jh. private Grabungen durch, barg aber angeblich nur Scherben und Steine.

Ans Tageslicht befördert

... hat Graf Münster im Jahre 1807 die ein oder andere Grabbeigabe. Bei seinen Untersuchungen stieß er in großer Zahl auf tiefstichverzierte Gefäßbruchstücke, auf zwölf, partiell gut erhaltene Tongefäße, eine sägeartige Klinge, vier scheibenförmige Bernsteinperlen und mehrere Steingeräte, die überwiegend aus Feuerstein bestanden. Einige dieser Funde sind in den Besitz des Landesmuseums Hannover übergegangen.

Großsteingrab Am Wiemelsberg

Das Großsteingrab am Wiemelsberg heute

Das exzellent erhaltene Grab steckt in den Resten eines Hügels. Alle Wandsteine der offenbar ohne Umfassung konzipierten Anlage befinden sich in Originallage. Die sechs Decksteine sind vollzählig überliefert, nur die beiden östlichen wurden verlagert.

Unweit des Großsteingrabes, knapp 10 km nordöstlich, liegt der 220 ha große **Alfsee** mit Ferien- und Erholungspark. In der etwa 10 km südwestlich gelegenen Stadt **Bramsche** ist u.a. das preisgekrönte **Tuchmacher Museum** zu besichtigen.

9a-i Steingräberweg Giersfeld

Ankum-Westerholte

a) Rickelmann II, Kammer: 14 x 1,8 m, ✢ NO-SW, 52,4892 / 7,8772
b) Reinecke, Kammer: 14,6 x 2,5 bis 1,8 m, ✢ O-W, 52,4906 / 7,8818
c) Meyer, Kammer: ca. 25 bis 26 x 1,6 m, ✢ NO-SW, 52,4919 / 7,8825
d) Grabhügel
e) Grumfeld Ost, Kammerlänge: ca. 19 m, ✢ NO-SW, 52,4833 / 7,8845
f) Grabhügel mit Steinkiste
g) Grabhügel mit Gipfelmulde
h) Grumfeld West, westl. Kammer: 17 x 2,5 bis 1 m, östl. Kammerlänge: ca. 12 m, ✢ O-W, 52,4837 / 7,8812
i) Rickelmann I, Kammer: ca. 12 x 2,4 m, ✢ O-W, 52,4872 / 7,8797

L 70 Ueffeln Richtung Ankum, bei Westerholte rechts in die Straße „Zum Golfplatz". Der Parkplatz des Artland Golfclubs kann genutzt werden. Der „Steingräberweg" erschließt die Großsteingräber.

Steine namens Rickelmann und Meyer

Schon im 19. Jh. lockten die Gräber bei Westerholte zahlreiche Besucher an. Dank des von Wald und Heide gesäumten, mit Infotafeln bestückten Rundwanderweges lassen sich heute immerhin noch sechs von ehemals zehn Megalithanlagen informativ erschließen. Außerdem führt der Weg an einigen Hügelgräbern vorbei. Zwei gewähren sogar Einblick in das sonst verborgene Grabinnere. Namen wie „Grumfeld Ost" oder „Rickelmann II" sind gewiss keine berauschenden Titulierungen für edle prähistorische Orte. Entstanden sind sie im Rahmen einer systematischen Erschließung Mitte des vorletzten Jahrhunderts, bei der man zur genaueren Differenzierung die Nachnamen der jeweiligen Grundstücksbesitzer auf die Gräber übertrug. Auf dem Areal des heutigen Steingräberweges führte man wiederholt Grabungen durch. Die Funde werden heute an unterschiedlichen Stellen, u.a. im Museum des Landkreises Osnabrück in Bersenbrück, im Kulturgeschichtlichen Museum Osnabrück und im Landesmuseum Hannover aufbewahrt.

Wo ganze Wirtshäuser im Boden versinken

Nach einer Erzählung entstand die Alkenkuhle, eine nahe gelegene Senke, durch ein tragisches Unglück: Um seine frommen Gäste vom Aufbruch zum Kirchgang abzuhalten, nannte der habgierige Wirt Alke schlicht die falsche Uhrzeit. Als er sich obendrein erdreistete, einen Schwur zu leisten, verschwand das Wirtshaus spurlos im Boden. Noch heute erscheine Alke nachts an der Alkenkuhle als Feuerrad, heißt es – man müsse bloß dreimal „Alke" rufen. Von einem nicht minder geschäftstüchtigen Gastwirt handelt eine reale Begebenheit: Im frühen 20. Jh. behauptete er, das schönste aller Großsteingräber bei Westerholte stünde im Garten seiner Gastwirtschaft. An der Herkunft des Grabes hegten zunächst sogar Forscher keinen Zweifel. Erst nach dem Tode des findigen Kneipiers fand man heraus, dass er das vermeintliche „Grab“ selbst erbaut hatte.

Die Großsteingräber heute

Direkt am Parkplatz des Golfclubs ruht das vielfach als beeindruckendstes Grab des 3 km langen Rundwanderweges (Kurzversion: 1 km) gepriesene Megalithgrab **Grumfeld West** (9h). Die steinerne Grablege verfügt über stattliche Maße: Die lückenhaft überlieferte, 32,5 x 3,8 m große, ovale Einfassung umschließt gleich zwei Kammern. Die westliche ist fast vollständig erhalten. Viele Deck- und Wandsteine sind in Originallage verblieben (besonders beeindruckend: der gewaltige Tordeckstein). Die östliche, deutlich tiefer im Erdreich gelegene Kammer ist etwa 5 m kürzer und durch kleinere Steine charakterisiert. Während sich die Wandsteine wahrscheinlich noch überwiegend im Erdhügel befinden, sind sieben der ursprünglich vermutlich zehn Decksteine zu sichten. Folgt man dem Rundwanderweg Richtung Norden, trifft man als nächstes auf das Großsteingrab **Rickelmann I** (9i). Bei der Stätte sind nahezu alle Wandsteine anzutreffen - viele in Originalposition. Ebenso ruhen vier der ehemals acht Decksteine in entstehungszeitlicher Lage. Beim nachfolgenden Großsteingrab **Rickelmann II** (9a) bildet eine in der Kammer wurzelnde Buche das heute hervorstechendste Merkmal. Stein und Holz sind hier gewissermaßen eine Symbiose eingegangen. Von den ehemals zehn Decksteinen haben sich sieben - zum Teil verlagert und zerbrochen - erhalten. Die Wandsteine sind mehrheitlich in Originalposition vorzufinden. Der mittig, an der Südseite angelegte Gang ist relativ gut erkennbar, die ehemalige, mutmaßlich 19 x 6,5 m große Umfassung bruchstückhaft.
In einem schönen Kiefernwald finden Sie das Großsteingrab **Reinecke** (9b). Es wird vermutet, dass das Grab ehemals zehn Decksteine aufwies, obschon sich nur ein einziger erhalten hat. Die Wandsteine sieht man – teils verschoben – noch großen Teils vor Ort. Darüber hinaus sind Reste des Erddammes zu erkennen. Vom Großsteingrab **Meyer** (9c), einst als „schönstes und größtes Grab“ des Gebietes gefeiert, sind bloß Bruchstücke verblieben. Entstehungszeitlich befand sich die Kammer in einem flachen, etwa 30 m langen Erdhügel. Von den ursprünglich möglicherweise zehn oder sogar 16 Decksteinen sind vier, teilweise gesprengt, zu sehen. Die

Großsteingrab Grumfeld West

Wandsteine fehlen mehrheitlich. Im weiteren Verlauf des Rundwanderweges folgen ein **bronzezeitliches Hügelgrab** (9d) und das Großsteingrab **Grumfeld Ost** (9e), von dem lediglich Fragmente, Reste von vier der wahrscheinlich ehemals zehn Decksteine, zu erspähen sind. Die nächste Station bietet den rar gesäten Blick in das Innere einer rekonstruierten **frühbronzezeitlichen Steinkiste** (9f). Ein weiteres bronzezeitliches Zeugnis, ein **Hügelgrab** (9g) weist eine sog. Gipfelmulde auf, die auf eine Raubgrabung schließen lässt.

Mitte des 14. Jhs. wurde das inzwischen der Öffentlichkeit zugängliche **Steinwerk** errichtet, das sich am Hof Meyer befindet. Rund 7 km westlich liegt das informativ ausgestaltete **Hügelgräberfeld Plaggenschale** samt **Wacholderhain**. 6 km nördlich des Steingräberweges lädt in **Ankum** die wegen ihrer imposanten Größe als „**Artländer Dom**" (19. Jh.) bezeichnete Kirche **St. Nikolaus** zu eingehender Besichtigung.

10a Großsteingräber und Steinreihe

Bei Hekese

NW-SO
52.5895 / 7.7790

Grab I, Kammer: 19 x 3,5 bis 2,7 m
Grab II, Kammer: 20 x 3 bis 2,6 m

L73 Ankum Richtung Bippen. In Eggermühlen rechts auf die K 131 bis Kettenkamp, dort links in die Kirchstraße und weiter links in die Berger Straße (K 162). Die Großsteingräber folgen nach rund 3 km, westlich der Straße hinter einer Linkskurve am Parkplatz.

Des Großsteinmeisters Favorit

Dank außerordentlich großer Kammern, bemerkenswert hoher Wandsteine, gigantischer Decksteine, vor allem aber wegen einer ungewöhnlichen, beide Gräber miteinander verbindenden, 53 m langen Steinreihe firmieren die Großsteingräber bei Hekese unter den meistgenannten Megalithanlagen Nordwestdeutschlands. Ähnliche Steinreihen lassen sich in Westeuropa, etwa bei den berühmten Alignements in Carnac, nicht jedoch in Norddeutschland nachweisen. So erlegt die Steinreihe der Forschung seit langem Rätsel auf und nimmt es nicht Wunder, dass es exakt diese Anlage war, die den bekannten Megalithforscher Ernst Sprockhoff im frühen 20. Jh. zu seinem bekanntesten Projekt animierte – zur Erfassung des Gesamtbestandes aller erhaltenen Großsteingräber Deutschlands.

Eine Steinreihe als Mysterium

Die frühere These, es handele sich bei der lückenhaft erhaltenen Steinreihe um die Reste der Einfassung eines Hünenbettes mit zwei Kammern bzw. um die Fragmente einer Kammerumfassung, wurde inzwischen verworfen. Schließlich setzt die Steinreihe genau in der Mittelachse der Kammern an. Umfassungen werden in der Regel jedoch seitlich um die Kammer geführt. Unmittelbar vor dem südlichen Grab animiert die Steinreihe zu erneutem Grübeln: Alle Find-

Lageplan nach Sprockhoff 1975

linge wurden einzeln und in leicht geschwungener Linienführung aneinander gereiht, doch warum legte man hier plötzlich für ein kurzes Stück eine schmale Doppelreihe an? Bislang fand niemand eine einheitlich wissenschaftlich abgesegnete Begründung. Früher glaubte man übrigens, das Doppelgrab berge zwei heldenhaft verstorbene Hünenbrüder in sich.

Die Großsteingräber heute

Grab I

Das nördliche Megalithgrab ist durch einen ziemlich guten Erhaltungszustand charakterisiert. Seine nordöstliche Langseite befindet sich offenbar komplett in Originallage. Auch an der südwestlichen Langseite fehlt wohl nur ein Wandstein. Von den ehemals neun Decksteinen sind lediglich zwei abhanden gekommen. Einer befindet sich sogar noch auf den Wandsteinen. Der größ- te, inzwischen zerbrochene Deckstein ist in der Mitte des Grabes anzutreffen. Vermutlich lag er entstehungszeitlich oberhalb des Eingangs, den man an der südwestlichen Langseite vermutet. Von der sich südlich anschließenden Steinreihe haben sich 30 Steine erhalten. Sie sind deutlich kleiner als die Wand- und Decksteine des Grabes.

Großsteingräber bei Hekese, Blick auf die Steinreihe

Grab II

Noch beeindruckendere Ausmaße kennzeichnen die südliche Kammer. Wenn auch nicht mehr alle Megalithen an ihrem eigentlichen Platze anzutreffen sind, wurde bloß ein einziger Wandstein komplett entwendet. Alle neun Decksteine sind noch anzutreffen, obschon mitunter beschädigt. Der Zugang zur Kammer befand sich wahrscheinlich in der Mitte der Südwestseite.

Im unweit südwestlich gelegenen **Bippen** ist u.a. die Ausstellung „HaiTec in der Urzeit“ auf dem Gelände des **Umweltbildungszentrums Kuhlhoff** empfehlenswert. Rund 10 km nördlich von Bippen, an der Straße von Berge nach Herzlake, liegt das ehemalige

Zisterzienserinnenkloster **Stift Börstel.** Heute freiweltliches Damenstift, bilden die backsteingotische **Klosterkirche St. Maria** und der sehenswerte **Kreuzgang** (um 1300) das Herzstück. **Fürstenau** lohnt wegen seines historischen Ortskerns samt ehemaligem fürstbischöflichem **Schloss** (ab 14. Jh.) einen Abstecher. Kräftig in die Pedale treten kann man zwischen Fürstenau und Bippen – bei einer **Draisinen-Fahrt**.

Großsteingrab I bei Hekese

10b Großsteingrab und Teufelsstein

Kammer: 9 x 1,8 bis 2 m
Bei Restrup
O-W
52.5743 / 7.7753

Kettenkamper Straße (K 162) Richtung Restrup. Dann links Restruper Straße (K 119) Richtung Bippen. Am Kreisverkehr links auf die Ankumer Straße (L 73). Nach knapp 2 km links die Hofzufahrt zu einem Bauernhof nutzen. Das Grab mit Parkmöglichkeit liegt rechter Hand direkt am Hofgelände. Bitte den Weg für landwirtschaftliche Fahrzeuge freihalten!

Neuzeitliche Eintracht

Erst seit 1956 ruht der Teufelsstein, ein 1,75 m breiter, 1,15 m tiefer und 1,10 m hoher Granitblock, neben dem Großsteingrab. Er wurde hierher versetzt, da ihm an seinem eigentlichen, südlich von Restrup gelegenen Platz Zerstörung drohte. Wie die Driehauser Steine (→ 3a) lässt der mächtige Findling allerhand rätselhafte Bohrungen, so genannte „Schälchen", erkennen. Insgesamt 66 an der Zahl, weisen sie eine Tiefe von bis zu 2,5 cm und Durchmesser von bis zu 7 cm auf.

Teuflische Grübchen

Wenn die Forschung bis heute auch keine schlüssige Erklärung für die Bestimmung der Schälchen bereithält (→ 3a), so existiert immerhin eine phantasievolle Erzählung: Danach ruhte der Teufel regelmäßig nachts am Teufelsstein, um hinterlistige Pläne zu schmieden. Und während er darüber sinnierte, wie er den Menschen neuen Schaden zufügen könnte, grub er mit seinem Daumen tiefe Furchen in den Stein.

Brandbestattung oder Opfergabe?

Der Teufelsstein wurde anlässlich seiner „Umsiedlung" während der 1950er Jahre wissenschaftlich untersucht. Damit zählt er zu den wenigen Näpfchensteinen, die jemals von der Wissenschaft genauer unter die Lupe genommen wurden. Im Rahmen der Analyse zeigte sich, dass die Unterseite des Teufelssteins zwecks Sicherung der Standfläche eindeutig von Menschenhand bearbeitet worden war. Unterhalb des Granits kam relativ überraschendes Material zum Vorschein – Holzkohlesplitter und Feuersteinfragmente, die augenscheinlich durch große Hitze gesprengt worden waren. Sicherstellen konnte man zudem Knochenbruchstücke. Ob sie menschlichen oder tierischen Ursprungs waren, ließ sich damals nicht mehr ermitteln. So mussten die Forscher offenlassen, ob es sich um die Spuren einer Brandbestattung oder einer Opfergabe handelte.

Teufelsstein

Das Großsteingrab

Nur wenige Meter vom Teufelsstein entfernt liegt, zum Teil in einem Hügel verborgen, das Megalithgrab. Von dessen entstehungszeitlich fünf Decksteinen fehlt lediglich einer. Der mächtige mittlere wurde zur Hälfte zerstört. Die Wandsteine sind lückenhaft erhalten, befinden sich aber partiell noch in ursprünglicher Lage. Der viereckige Wall ist neuzeitlichen Datums. 1926 barg man bei einer Begehung eine Bernsteinperle und mehrere Keramikbruchstücke der Trichterbecherkultur.

Von den Megalithkulturen inspiriert: Der Steinkreis bei Werpeloh aus dem Jahre 2002 n. Chr. (Emsland)

Emsland

Wo König Surwold zur Audienz lädt

Einstmals erregte König Surwold als einer der berühmtesten Herrscher emsländischer Sagenwelten Aufsehen. In Allianz mit Widukind, hieß es, habe er sich mutigst angeschickt, dem übermächtigen Karl dem Großen zu trotzen. Bedauerlicherweise war damit sein tragisches Ende besiegelt: Angeblich fiel Surwold, bisweilen auch Surbold genannt, im Jahre 753 in der Schlacht bei Bokeloh. 5 km nördlich von Börger, ließ man verlauten, sei er unter riesenhaften Decksteinen in einem goldenen Sarge zur letzten Ruhe gebettet worden. Genau an dieser Stelle endet die Welt der Sagen und Erzählungen, denn König Surwold, mal als Friesen-, mal als Hünenkönig zelebriert, ist nichts als bloße Fiktion. Jenes Grab aber existierte tatsächlich. Über 3000 Jahre vor König Surwolds vermeintlichem Ableben wurde es errichtet, wenn auch ohne goldenen Sarg. Wegen der ungeheuer großen Decksteine – der größte maß angeblich 6,9 x 3,14 x 1,26 m – avancierte das „Surwoldshus“ genannte vorchristliche Bauwerk bald zum berühmtesten Großsteingrab des gesamten Emslandes; schon im frühen 17. Jh. unternahm man erste Grabungen. Im Zeitalter florierenden Steinhandels schien die ehemalige Popularität vergessen – radikal sprengte man die ehrwürdige Stätte in die Luft. Als sich die junge Archäologin Elisabeth Schlicht im Jahre 1935 auf die Suche nach den spärlichen Überresten begab, hatte sie sich auf vage Beschreibungen zu stützen – nirgends war der genaue Standort fixiert. Doch allen Zweiflern zum Trotz stieß sie auf die spärlichen Überreste der viel gerühmten Anlage. Gleichwohl stand auch diese Aktion unter keinem guten Stern: Nach Schlichts Aussage gingen alle Notizen samt der Grabfunde im Zweiten Weltkrieg verloren.

Megalithpassion an der Ems

Glücklicherweise blieb vielen Großsteingräbern des Emslandes ein dem Surwoldschen Grabe ähnliches Schicksal erspart. So ist das Emsland mit einer Gesamtfläche von 2881 km^2 heute nicht nur die größte der hier präsentierten Regionen, sondern verfügt zugleich über die meisten Megalithgräber. Ob das Gebiet des heutigen Emslandes allerdings tatsächlich während der Jungsteinzeit als megalithomanes Steinreich glänzte, ob hier also wahrhaftig die meisten Megalithstätten erbaut wurden oder ob man nicht vielmehr weniger zerstörte, ist im Nachhinein schwerlich auszumachen. Woher die Großsteingräber-Fülle auch immer rühren mag, die Emsländer sind unübersehbar stolz auf ihre über 60 erhaltenen neolithischen Bauwerke. „Mystisches SteinReich ohne Grenzen“ heißt das Großsteingrab-Projekt, das sie gemeinsam mit den westlich benachbarten Niederlanden ins Leben riefen und u.a. zum niederländischen Hunebed Centrum (Hünenbett-Zentrum) in Borger führt. *„Kunnen Steene praten?“* (Können Steine sprechen), fragt man hier, um ebenso viel-

Steinkreis Werpeloh

fältige wie überzeugende Antworten zu liefern. Bei so viel Großsteingrab-Bewunderung prangt selbstverständlich auch eines vom Emsland-Wappen. Pate stand eine Anlage der vielgerühmten Hünengräberstraße des Hümmlings (→ 16). Ein Ort, an dem selbst von notorischem Zeitmangel gequälte Zeitgenossen die Möglichkeit finden, ebenso kurz wie tief in die Sphären jungsteinzeitlicher Baukunst einzutauchen. Im Übrigen sticht die emsländische Megalith-Welt insbesondere durch überlange Kammern hervor: Die „Hoogen Steener" (→ 20a) etwa, vielerorts als längste Kammer Niedersachsens gepriesen, weisen bei ehemals 15 Decksteinen, manche glauben sogar an 17, eine Länge von nahezu 30 m auf. Frühere Archäologen benannten zwar eigens einen Grabtypus nach der Region – die Emsländische Kammer nämlich. Doch sollte man sich nicht täuschen lassen: Einerseits stößt man auch außerhalb des Emslandes auf den Typus der so genannten Emsländischen Kammer, andererseits existiert vor Ort durchaus ein abwechslungsreiches Spektrum unterschiedlicher Grabformen. Wer sich auf prähistorischen Pfaden durch emsländisches Terrain bewegt, sollte sich drei weitere Monumente auf keinen Fall entgehen lassen: Das ausgezeichnet erhaltene, gleichermaßen von Forschern wie Laien hofierte Megalithgrab in der Kunkenvenne mit seiner bekannten, doppelten Umfassung (→ 12a), die ausnehmend majestätischen, in schöner Waldlage anzutreffenden Volbers Hünensteine (→ 17a) und das anschaulich rekonstruierte Großsteingrab bei Ostenwalde (→ 19).

Jenseits der Prähistorie

Naturliebhaber wissen vor allem zu schätzen, dass das gesamte emsländische Gebiet, in dem heute über 315.000 Menschen leben, großzügig von Mooren, Heideflächen, Wäldern und Wiesen durchzogen wird. Rund 7800 ha der Region stehen unter Naturschutz. Ehemals wurden weite Teile des Emslandes durch die Moorkultivierung bestimmt. Südwestlich von Meppen, im Groß Heseper Emsland Moormuseum, erhalten Sie eine sehr gute, abwechslungsreich aufbereitete Einführung in diese Thematik und werden ganz nebenbei darüber in Kenntnis gesetzt, was es mit dem Westfälischen Totlegerhuhn auf sich hat. Unweit westlich lädt der erste internationale Naturpark Niedersachsens, der 140 km² große, 2006 gegründete

Internationale Naturpark Bourtanger Moor-Bargerveen zu einer weiterführenden Erkundung der Moore im Dreieck Emsland/Grafschaft Bentheim / Drenthe ein. Sprechen Geschäftsreisende über das Land von Hase und Ems, fällt in der Regel sofort ein Schlagwort – die Papenburger Meyer Werft mit dem weltgrößten Trockendock. Kulturreisende dagegen verbinden mit dem Emsland neben den Großsteingräbern hauptsächlich eine barocke Stätte – das bekannte Jagdschloss Clemenswerth bei Sögel. Der Kölner Erzbischof und Kurfürst Clemens August I. von Bayern, bekannt für seine Liebe zu Jagd und Kunst, ließ sich die Anlage nach den Plänen des berühmten Barock-Architekten Johann Conrad Schlaun in den Jahren 1737–1747 errichten. Der Gebäudekomplex gilt heute als weltweit einzige erhaltene barocke Jagdsternanlage. Aus Schlauns Feder stammen zudem die Entwürfe für die Seitenaltäre der Meppener Gymnasialkirche (ehemalige Jesuitenkirche, 1743–46). Meppen, die einladende Stadt frühmittelalterlichen Gründungsdatums, im 17. Jh. Zentrum der Gegenreformation durch die Jesuiten, hat noch eine zweite ansprechende Kirche zu bieten: Die Propsteikirche St. Vitus, deren Vorgängerbauten sich bis ins 9. Jh. zurückverfolgen lassen. Kulturreisenden wird das im beginnenden 17. Jh. vollendete Rathaus kaum entgehen. Das Untergeschoss wurde schon im frühen 15. Jh. konstruiert – und zwar aus Findlingen. Die Hölting-Mühle, ein Galerieholländer des 17. Jhs. und die im 18. Jh. erbaute Herren- und Kossemühle verkörpern weitere architektonische Sehenswürdigkeiten. In der Arenbergischen Rentei, einem markanten klassizistischen Bau, hält das Stadtmuseum tiefergehende Informationen zur wechselhaften Geschichte Meppens parat. Buchstäblich Geschichte erwandern kann man außerdem auf der ehemaligen Stadtmauer. Selbstverständlich kommen auch Prähistorienfaszinierte und -versierte in der Ems-Stadt auf ihre Kosten: Im Emsland Archäologie Museum wartet eine ansprechende Dauerausstellung. Kombiniert mit Rekonstruktionen, Inszenierungen und Modellen werden dort jungsteinzeitliche bis frühmittelalterliche Funde abwechslungsreich präsentiert, ein anschauliches Bild längst vergangenen emsländischen Lebens gezeichnet. Wechselausstellungen, Führungen und Vorträge, deren thematisches Spektrum vom jungsteinzeitlichen Küchenkraut bis zur archäologischen Migrationsforschung reicht, ergänzen das Programm.

Jagdschloss Clemenswerth (18. Jh.)

11 Großsteingrab im Alt Frerener Forst

Kammer: 20,5 x 2 bis 1,5 m
Bei Freren

NO-SW
52,5038 / 7,5520

B 214 Fürstenau Richtung Freren. Kurz vor Freren rechts Richtung Lengerich (L 66). Nach 500 Metern links in die Straße „Zu den Hünensteinen“. Nach 300 m liegt das Steingrab auf der linken Seite.

Sang- und klanglos verschwunden

Glücklicherweise hat sich das Großsteingrab im Alt Frerener Forst über die Jahrtausende vorbildlich gut erhalten. Seine überaus stattliche Kammer und die – im wahrsten Sinne des Wortes – großartigen Decksteine beeindrucken unverändert. Besonderes Charakteristikum ist die ungewöhnlich ausgeprägte Grundrissverjüngung zu den Schmalseiten. Unweit des Großsteingrabes im Alt Frerener Forst befand sich ehemals ein weiteres Megalithgrab. Traurigerweise be- reitete man seiner gleichermaßen Jahrtausende währenden Existenz im 19. Jh. ein jähes Ende. Nicht einmal Spuren haben sich erhalten.

Großsteingrab im Alt Frerener Forst

Das Großsteingrab heute

Von einer ovalen, nunmehr lückenhaften Einfassung gerahmt, haben sich die Wandsteine der Kammer großenteils erhalten – und zwar in Originallage. Vier der wahrscheinlich ehemals 11 Decksteine weisen einen vergleichsweise guten Zustand auf, drei liegen in Fragmenten vor, die restlichen vier sind komplett verschwunden. Mutmaßlich befand sich der Eingang in der Mitte der südöstlichen Langseite. Der rechteckige Wall ist neuzeitlicher Prägung.

Neben dem **Kulturzentrum Alte Molkerei** und der Wasserburg **Gut Hange** (13./14. Jh., nur Außenbesichtigung) lockt in der Region um **Freren** v.a. das Erholungsgebiet **Saller See**.

12a Großsteingrab in der Kunkenvenne

Kammer: 25,5 x max. 2 m
Bei Thuine
O-W
52,5056 / 7,5061

B 214 Freren Richtung Thuine. Am Thuiner Ortseingang rechts in die Straße „Kunkenvenne" und der Ausschilderung bis zum Wald folgen. Ab hier führt ein ausgeschilderter Fußweg zu dem Grab (ca. 300 m).

Umschwärmt, hofiert, gerühmt

Angesichts dieses Großsteingrabes in Waldlage geraten nicht nur die Emsländer ins Schwärmen. Als sich Oberforstrat J.K. Wächter in den 40er Jahren des vorletzten Jahrhunderts einer ersten systematischen Bestandsaufnahme archäologischer Denkmale des damaligen Königreiches Hannover widmete, umschrieb er das Megalithgrab als das *„unstreitig größte und großartigste“* des Königreichs. Dem berühmten Großsteingrabforscher Ernst Sprockhoff war es knapp 100 Jahre später noch immer das *„beste und eindrucksvollste seiner Art“* und auch im 21. Jh. ließ ein Oldenburger Museumsdirektor verlauten, dieses Grab verkörpere das imposanteste des gesamten Nordwestens. Freilich sollte man bei derartigen Superlativ-Äußerungen Vorsicht walten lassen. Doch in der Tat ist dieses Grab nicht nur ungewöhnlich ansehnlich erhalten, sondern auch verblüffend lang. Sage und schreibe 17 Decksteine reihten die neolithischen Baukünstler an Ort und Stelle aneinander. Unbestritten zählt die Grabstätte in der Kunkenvenne zu den größten Emsländischen Kammern des gesamten Nordwestens. Das wahrhaft Spektakuläre des Monuments aber liegt in einer ganz anderen Absonderheit verborgen: Unsere jungsteinzeitlichen Vorfahren begnügten sich bei der Erbauung nicht mit einer einfachen Umfassung, sondern schufen gleich zwei.

Exzentrische Doppelrahmung?

Mit der doppelten Steinrahmung steht das Megalithgrab nicht allein. Auch in Lähden (→ 17c) und Ostenwalde (→ 19) finden sich vergleichbare Konstruktionen. Damit allerdings sind bereits alle erhaltenen, doppelt eingefassten Kammern der Region genannt.

Großsteingrab in der Kunkenvenne

Im Fokus der Forschung

Natürlich erweckte das Grab in der Kunkenvenne frühzeitig menschliche Neugierde. Angeblich wurde es bereits zu Beginn des 19. Jhs. von französischen Offizieren durchwühlt. In der Folge sanken einzelne Steine ab. Kurze Zeit später aber wurden sie von der Königlichen Forstverwaltung wieder an den eigentlichen Ort befördert. 1820 inspizierte Graf Münster das Grab, brachte Steingeräte, Bernsteinperlen, tiefstichverzierte Gefäße und Scherben (heute: Landesmuseum Hannover) zum Vorschein. Im Jahre 1878 erfolgte eine erneute Vor-Ort-Analyse. Einige Scherben, menschliche Knochen und Holzkohle, mutmaßlich Überreste von Nachbestattungen, wurden als Funde notiert.

Was Riesen wirklich erzürnt

Einsam und verloren liegt rund 1,5 km nordwestlich des Großsteingrabes ein Findling, der so genannte Karlstein. Während die meisten Anwohner davon ausgehen, dass man ihn schlicht bei der Erbauung des Grabes verloren hat, ersannen andere eine abenteuerliche Erklärung: Danach hat im Thuiner Wald vor langer, langer Zeit ein Riese gelebt. Ungemein erzürnt war er von der Erbauung der Thuiner Kirche. Und so schleuderte er voller Wut einen mächtigen Stein in Richtung des Gotteshauses. Doch statt den Neubau zu zerschmettern, landete der Steinblock unverrichteter Dinge im Thuiner Wald. Als Karl der Große von dem Anschlag auf die Kirche hörte, war er tief erschüttert. Voller Entsetzen schlug er mit einem Schwert auf den Stein und zurück blieb eine tiefe Furche, die man noch heute sehen kann.

Das Großsteingrab heute

Das Grab befindet sich in sehr gutem Erhaltungszustand, die Decksteine sind fast komplett vor Ort verblieben, viele Wandsteine in Originalposition. In der Mitte der südöstlichen Langseite können Sie einen etwa 0,7 bis 0,9 m breiten und 2,4 m langen Zugang erkennen. Die beiden, annähernd ovalen Steinkränze wurden ebenfalls relativ unbeschadet überliefert: Der äußere, ca. 32,5 x max. 8 m messende Kranz wurde wohl ehemals aus 58 Steinen gebildet, der innere, rund 29 x 6 m große aus etwa 65 kleineren Steinen. Heute sind von der äußeren Einfassung noch 51 Steine, von der inneren 60 zu sehen.

Die einzige „Simultankirche" im Bistum Osnabrück, die Katholische Kirche **St. Georg** (16. Jh.), kann man in **Thuine** besichtigen. Der aus Bruchsteinen und Findlingen gebildete Turm wurde mutmaßlich bereits um 1200 konzipiert. Unweit liegt das Mutterhaus der Thuiner Franziskanerinnen samt **Christus-König-Kirche** (1929).

12b Großsteingrab Auf dem Radberg

Kammer: 17 x 1,2 m
Bei Langen

O-W
52.5158 / 7.4613

K 322 Thuine Richtung Langen/Rentrup. Kurz vor Rentrup links in einen Wirtschaftsweg und der Ausschilderung bis zum Grab folgen.

Freies Bauen im Neolithikum

Wunderbar erhalten und sehr schön, inmitten von Kiefern gelegen ist es, das mächtige Großsteingrab Auf dem Radberg. Es dokumentiert einmal mehr den großen gestalterischen Facettenreichtum neolithischer Baukünstler: Megalith-Beflissenen wird sofort auffallen, dass die Umfassung der riesenhaften Kammer ungewöhnlich „bauchig" angelegt wurde. Während die Findlinge der Umfassung an der Nordseite noch in gewohnter Nähe zur Kammer aufgerichtet wurden, reihte man sie auf der gegenüberliegenden Eingangsseite in einer für eine Emsländische Kammer jener Breitengrade erstaunlich großzügigen Distanz. Zur besseren Veranschaulichung seien trockene Zahlen genannt. Bei einer Kammerbreite von etwa 1,20 m beträgt die Breite des ovalen Steinkranzes immerhin 14 m.

Das Großsteingrab heute

Zahlreiche Steine haben sich in Originalposition erhalten. Von den ehemals mutmaßlich zwölf Decksteinen sind zehn vor Ort verblieben, obschon zum Teil nur bruchstückhaft. Die lückenhafte Umfassung misst 30 x 14 m. Reste des ehemaligen Hügels sind erkennbar.

In **Bawinkel,** ehemals Pilgerrastort auf dem Wallfahrtsweg (Flämische Straße) zum Grab des hl. Alexander nach Wildeshausen, ist die neugotische Kirche **St. Alexander** (1904/05) zu besichtigen. Unweit östlich von Meppen, zwischen Station 12 und 13, begegnet man in **Bokeloh** der kath. Kirche **St. Vitus**. 919 erstmals geweiht, gilt St. Vitus manchem als ältestes Gotteshaus des Emslandes. Das Findlingsfundament ist bis zu 1,20 m tief und weist ein Gewicht von ca. 6 t auf. Nur knapp 10 km südöstlich befindet sich **Haselünne**, die älteste Stadt im Emsland. Anziehungspunkte sind neben dem **Freilicht- und Heimatmuseum** die **Burgmannshöfe** im historischen Stadtzentrum, die **Kornbrennereien Berentzen** (samt Brennereimuseum), **Rosche** und **Heydt** sowie das an die Stadt angrenzende Erholungsgebiet **Haselünner See** mit dem Naturschutzgebiet **Wacholderhain**.

13 Der Steinerne Schlüssel

Kammer: 4,9 x 2 bis 1,4 m
Bei Apeldorn

SW-NO
52.7346 / 7.3942

B 402 Meppen Richtung Haselünne. Nach ca. 2,5 km links auf die K 205 Richtung Apeldorn. Das Großsteingrab folgt nach 4 km östlich der Straße in einem Waldstück auf einer kleinen Anhöhe (ausgeschilderter Fußweg).

Denkmalschutz per Mystik

Nahe Apeldorn sollen sich einst sieben Großsteingräber befunden haben. Doch nach einer Erzählung zerschlug der junge Bouen-Gerd eines nach dem anderen, um die zerstörten Findlinge für teures Geld an den Straßenbau zu verkaufen. Jede Warnung, die zur letzten Ruhe gebetteten Hünen könnten bittere Rache üben, ignorierte er. Sechs Gräber hatte er bereits vollständig vernichtet, als man ihn eines Tages mit klaffender Wunde auffand; nur wenige Tage später war er tot. Ein geheimnisvoller Hund hatte ihn gebissen. Voller Sorge, das gleiche Schicksal erleiden zu müssen, traute sich seither angeblich niemand mehr in die Nähe des Grabes. So blieb es der Nachwelt erhalten – Denkmalschutz per Mystik!

Adebars Komplizen

Der Steinerne Schlüssel, das knapp 5 m lange Großsteingrab mit dem einprägsamen Namen, wirkt in Relation zu den gewaltigen Ausmaßen der drei vorangegangenen Megalithgräber ausnehmend kurz. Betrachtet man die Großsteingräber des Nordwestens allerdings in ihrer Gesamtheit, trifft man durchaus häufiger auf Gräber kleineren Formates. Außergewöhnlich indes ist die Namensherkunft des Grabes. Weit und breit keine Spur vom namenspatronisch sonst vielerorts bemühten Teufel, dem Frankenkönig Karl oder unschuldig erstarrten Bräuten (→ 28a). Stattdessen stand ein aparter Glaube Pate: Nach diesem wurden Säuglinge nicht etwa von Adebar, dem Klapperstorch, gebracht, sondern unter Steinen hervorgeholt! Bei Nachwuchsplänen müsse man nur in Besitz eines entsprechenden Schlüssels sein und schon könne der Stein geöffnet und ein Neugeborenes in die Arme geschlossen werden, hieß es.

Der Steinerne Schlüssel

Halsbrecherische Fruchtbarkeitsrituale

In frommen Zeiten erdacht, liegt der Schluss nahe, die Schlüssel-Erzählung resultiere aus blanker Prüderie. Tatsächlich aber ist sie wohl im Kontext der verbreiteten Verknüpfung von Gestein und Fruchtbarkeit entstanden. Aus dem Glauben an die empfängnisverheißende Wirkung großer Steine haben sich richtiggehende Rituale entwickelt – etwa das bis zum 20. Jh. praktizierte Herabrutschen von Hünengrab-Findlingen. Gänzlich unesoterisch ambitioniert waren die Untersuchungen, die man beim „Steinernen Schlüssel“ im 19. Jh. vornahm. Damaligen Angaben gemäß brachten sie lediglich ein paar Scherben zum Vorschein.

Der steinerne Schlüssel heute

Das Grab ist verhältnismäßig gut erhalten. Es verfügte entstehungszeitlich über drei Decksteine, von denen heute der mittlere fehlt. Die Wandsteine sind noch mehrheitlich vorhanden.

Die Stationen 13 – 20b liegen in einem von sanften Hügeln, weiten Wäldern und kostbarem Kulturgut verschiedenster Epochen geprägten 577 qkm großen Gebiet, das 2015 als **Naturpark Hümmling** anerkannt wurde.

14a-d Großsteingräber bei Deymanns Mühle

Bei Klein Stavern

14a) Kammerlänge: 2,20 m, Nord-Süd, 52,7734 / 7,4300
14b) Kammerlänge: 3 m, O-W, 52,7735 / 7,4302
14c) Kammer: 7,7 x 1,5 m, O-W, 52,7735 / 7,4304
14d) Kammer: 6 x 3 m, O-W, 52,7732 / 7,4310

K 205 von Apeldorn nach Klein Berßen, dort links auf der Raiffeisen- bzw. Dorfstr. Richtung Klein Stavern. Kurz nach Überquerung der Nordradde sieht man nördlich der Straße die dicht beisammenliegenden Großsteingräber.

Wo sich Bronze- und Jungsteinzeit berühren

Auf dem Areal um Deymanns Mühle, einer ehemaligen Wassermühle, konzentrieren sich über zwei Jahrtausende Bestattungsgeschichte: Bloß 500 m von den vier jungsteinzeitlichen Großsteingräbern entfernt, haben sich rund 20 bronzezeitliche Hügelgräber erhalten. Ehemals war das dichte Nebeneinander von Groß-stein- und Hügelgräbern keine Besonderheit. Leider aber wurden in der Vergangenheit unzählige Hügelgräber abgetragen, so sie landwirtschaftlichen oder sonstigen Interessen im Wege standen. Mutmaßlich wurde auch bei Deymanns Mühle das ein oder andere Hügelgrab beseitigt. Nichtsdestotrotz lohnen die verbliebenen bronzezeitlichen Grablegen, von denen einzelne fast 2 m hoch sind, einen Besuch.

Großsteingrab bei Deymanns Mühle

Megalithische Enklave

Auf derart dicht nebeneinander erbaute Großsteingräber, zudem unterschiedlicher Form, trifft man inzwischen nur noch selten. Allzu häufig wurde vergleichbaren Gruppierungen der Garaus bereitet. Gleichwohl ist die Megalithgrab-Zerstörungswelle des 18./19. Jhs. auch an den Anlagen bei Deymanns Mühle nicht spurlos vorbeigezogen. Wahrscheinlich haben sich vor Ort ehemals noch mehr Großsteingräber befunden.

Großsteingräber 14a und 14b

Die beiden westlichen Gräber zählen mit einer Kammerlänge von 2,20 bzw. 3 m zu den kleinsten der Region. Ursprünglich wurden sie mit jeweils nur zwei Decksteinen versehen, wenngleich die Bauherren bei der Wahl des Baumaterials alles andere als Kleinlichkeit walten ließen. Zumindest von Grab 14a ist ein erstaunlich voluminöser Deckstein überliefert: 3,50 x 2,20 x 1,20 m ergab eine Messung in den 1920er Jahren. Während Grab 14a noch durch einen mittelprächtigen Erhaltungszustand charakterisiert ist, lässt Grab 14b gravierendere Schäden erkennen, nur ein paar Wandsteine sind in Originallage verblieben.

Großsteingräber 14c und 14d

Nur 7 m weiter östlich konstruierte man eine großzügiger bemessene Grablege. Über die eigentliche Decksteinanzahl herrscht Uneinigkeit. Zu sehen ist lediglich einer. In geringer Entfernung liegt das östlichste Grab der Gruppe, eines der wenigen erhaltenen Hünenbetten des Emslandes. Die Kammer ist in gutem Erhaltungszustand, die 33 x 7 m messende Umfassung dagegen von beträchtlichen Lücken gezeichnet. Von den ursprünglich vier Decksteinen liegen noch drei, wenngleich ein wenig abgesunken, auf.

Zwischen **Schleper** und **Klein Berßen-Loher Feld** stößt man auf eine **historische Pflastersteinstraße**. 1843–1857 wurde sie aus Hümmlinger Katzenköpfen und Resten zerstörter Großsteingräber mit einer Winter- und einer Sommerfahrbahn erbaut. Richtung **Groß Stavern** ist die **Wassermühle Bruneforth** anzutreffen, eine interessante, 1545 erbaute Fachwerkkonstruktion, die auf einem Findlings-Eichenpfahl-Sockel ruht.

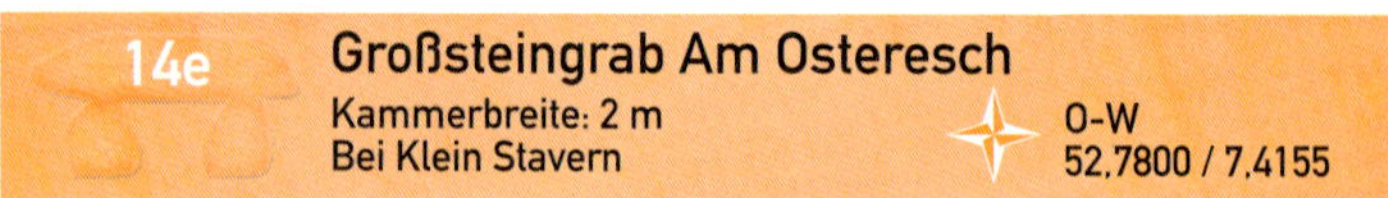

Von Station 14a-d kommend, nach Klein Stavern. Dort rechts auf die K 127 Richtung Groß Stavern. Das Grab folgt nach etwa 450 m linksseitig, westlich der Berßener Straße (K 162).

Demontiertes Erbe: Das Großsteingrab heute

Dieses Großsteingrab weist erhebliche Schäden auf. Während der Westteil einigermaßen gut erhalten ist, trug man den Ostteil samt ovaler Umfassung mehr oder minder vollständig ab. Die entstehungszeitliche Länge ist nicht mehr rekonstruierbar. Plastisch führt dieses Kulturdenkmal vor Augen, mit welcher Respektlosigkeit man prähistorischen Zeugnissen einst begegnete.

14f Großsteingrab Auf Bruneforths Esch

Kammer: 25 x 1,8 bis 3 m
Bei Groß Stavern

O-W
52,7824 / 7,4366

K 162 Klein Stavern Richtung Bruneforth/Klein Berßen. Das Grab folgt nach rund 1,4 km südlich der Straße auf einer Anhöhe.

Fragen über Fragen

Es wird zu den sehenswertesten Megalithanlagen des Emslandes gezählt, das schöne Großsteingrab auf Bruneforths Esch mit seinen gewaltigen Decksteinen. Aufmerksamen Beobachtern wird die starke Verjüngung an den Kammerenden auffallen. Während das Grab in der Mitte die stattliche Breite von etwa 3 m erkennen lässt, beanspruchen die Schmalseiten gerade einmal 1,80 m. Dass zudem der zweite und sechste Deckstein von Osten auf ungewöhnlich hohen Wandsteinen ruhen, beschäftigt die Forschung schon seit längerem. War die Kammer etwa unterteilt? Und wieso eigentlich legte man bei diesem Grab an der Südseite einen Gang von achtungsgebietenden 3 m Länge an? Schon im 19. Jh. inspizierte man das Grab, fand jedoch nichts, das zur Klärung der Fragen hätte beitragen können. Zu Tage förderte man lediglich ein paar winzige Scherben.

Dómringar und Thinghøie

Megalithgräber wie das auf Bruneforths Esch werden in Skandinavien als Dómringar oder Thinghøie bezeichnet. Doch warum? Viele Dekaden nach ihrer Entstehung dienten manche Großsteingräber als Orte von Rechtsprechung (→ 30a), so auch das auf Bruneforths

Großsteingrab Auf Bruneforths Esch

Esch. Jene Um- bzw. Weiternutzungspraxis erstreckte sich auf weite Teile Europas und lässt sich bis ins 20. Jh. nachweisen. Wann allerdings und warum dieser Brauch eingeführt wurde, kann man nur erahnen. Manche Theoretiker glauben, man habe sich von der Nähe der Ahnen einen magischen Einfluss auf die Urteilssprechung erhofft. Andere vermuten, der Glaube an die positive Kraft der Megalithen sei ausschlaggebend gewesen.

Tödliche Freundschaft

Früher wurde das Gerücht gestreut, in Bruneforth und Tinnen hätten zwei inniglich befreundete Riesen gelebt. Gerne buken sie gemeinsam Brot. Hatte der eine seines verspiesen, sendete er ein Zeichen. Er rieb den Ofen mit einer Feuerzange und schon eilte der Zweite zur Hilfe. Eines Tages aber vernahm der Tinner Riese das verabredete Zeichen zu ungewohnter Zeit. Trotz hochsommerlicher Hitze hastete er nach Bruneforth. Doch was musste er dort sehen? Sein Freund hatte sich lediglich am Bein gekratzt. Voller Wut schleuderte er mit einem Findling nach seinem Freund. Als dieser tot zu Boden sank, übermannten den Tinner Riesen grässliche Schuldgefühle. Voller Demut legte er den Leichnam in das Hünengrab und überdeckte ihn mit mächtigen Findlingen.

Das Großsteingrab auf Bruneforths Esch heute

Zwar lässt die Kammer mehrere Bohrlöcher und gesprengte Steine erkennen, dennoch sind viele Wandsteine in Originallage überliefert. Von den ehemals wahrscheinlich elf Decksteinen befindet sich einer am Ursprungsort; die anderen sind zerbrochen, verrutscht oder in die Kammer gestürzt. Drei fehlen komplett. Der Eingang befand sich an der Südseite.

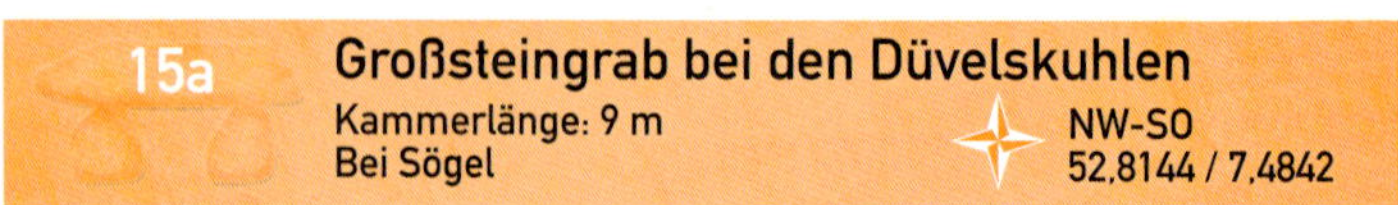

K 163 Richtung Groß Stavern und dann rechts auf Sögeler Straße (K 127). Nach ca. 4 km liegt das Grab südlich der Kreisstraße in einem Waldstück.

Erquicklicher Fund

So kann man sich täuschen: Noch in den 1920er Jahren war man der Überzeugung, das Großsteingrab befände sich in einem kümmerlichen Erhaltungszustand. Der Direktor des damaligen Provinzialmuseums Hannover, Karl Hermann Jacob-Friesen, ließ sich von der Behauptung nicht beeindrucken. Im Jahre 1932 veranlasste er Grabungsarbeiten – die ersten systematischen an einem emsländischen Großsteingrab überhaupt. Zum großen Erstaunen aller wurde in deren Verlauf eine nahezu vollständig erhaltene Grabstätte freigelegt. Zuvor waren wesentliche Teile von einem 29 m langen, 26 m breiten und 1,60 m hohen Erdhügel verdeckt worden, daher der Irrtum. Doch dank Jacob-Friesens erfahrener Archäologen-Hand gelang es nun, u. a. statt der zuvor gezählten 18 Umfassungssteine annähernd die doppelte Menge zu verorten.

Das Großsteingrab heute

Umfassung und Wandsteine sind annähernd lückenlos, zudem in Originallage, anzutreffen. Von den ehemals fünf Decksteinen der Kammer fehlt einer; die beiden Decksteine des relativ langen, gut sichtbaren Ganges sind verschoben bzw. verstürzt.

Das **Jagdschloss Clemenswerth** (18. Jh.), weltweit einzige vollständig erhaltende barocke Jagdsternanlage, findet sich unweit nordöstlich von Station 15, in **Sögel**. Neben dem zentralen Prunkbau sind Klosterkirche, Barockgarten und Fayencensammlung zu besichtigen. Im ca. 4 km nördlich entlegenen **Werpeloh** steht das sog. **„Batakhaus“**. Jenes original indonesische Wohnhaus fungiert heute als Museum. Eine Findlingskomposition jüngeren Datums verkörpert der aus dem Jahre 2002 n. Chr. stammende **„Werpeloher Steinkreis“** mit Mariengrotte.

15b Hünenbett bei den Düvelskuhlen

Kammer: ca. 6 x 3 m
Bei Sögel

NO-SW
52.8126 / 7.4825

Das Hünenbett liegt unweit südwestlich von Station 15a (ca. 250 m Fußweg).

Sagenhafte Kuhlen

Hünenbetten sind im Emsland bekanntlich rar gesät. Nur drei Stück konnte man bisher sichten. Eines davon ist bei dieser Station zu bewundern. Benannt wurde das Grab nach einer nahegelegenen Senke, den so genannten „Düvelskuhlen“. Vor Jahr und Tag kursierte zu den Düvelskuhlen eine kleine Erzählung: Nachdem dem Teufel zu Ohren gekommen war, dass man in Sögel den Bau einer Kirche plante, zog er fuchsteufelswild von dannen. Wütend mit den Füßen stampfend, hinterließ

Hünenbett bei den Düvelskuhlen

er tiefe Mulden im Waldboden. Als es bald darauf zu regnen begann, füllten sich die teuflischen Abdrücke mit Wasser – und schon waren die Düvelskuhlen geboren.

Das Hünenbett heute

Die Wandsteine des Grabes stecken noch weitgehend im Erddamm. Von den ehemals vier Decksteinen wurde nur einer entwendet. Die rechteckige Umfassung misst etwa 19 x 5,5 m.

Knapp 3 km südwestlich der Düvelskuhlen liegt das **Hügelgräberfeld Mansenberge**. Das größte erhaltene Gräberfeld des Emslandes gilt als eines der sehenswertesten Niedersachsens. Landschaftlich reizvoll gelegen, wurde der prähistorische Friedhof wahrscheinlich zwischen Bronze- und älterer Eisenzeit genutzt. Von den ehemals weit über 160 Hügeln sind heute noch ca. 80, teilweise bis zu 3 m hoch, zu sehen. Nach einer Erzählung wohnten in den Hügeln übrigens nicht die sonst allgegenwärtigen Riesen (→ 26), sondern Zwerge!

Hünengräberstraße des Hümmlings, Wappengrab

16a-e Hünengräberstraße des Hümmlings
Bei Groß Berßen

16a) Ipeken Tannwald, Kammer: 17 x 2 m, ✦ NW-SO, 52,7810 / 7,5032
16b) Im Ipeken, Kammer: 8 x 2 m, ✦ NW-SO, 52,7809 / 7,5070
16c) Wappengrab, Kammer: 7,5 x 2 m, ✦ O-W, 52,7804 / 7,5153
16d) Königsgrab, Kammer: 15 x 1,8 m, ✦ O-W, 52,7822 / 7,5166
16e) Rekonstruiertes Grab, Kammerlänge: 9,5 m, ✦ O-W, 52,7813 / 7,5169

K 138 Klein Berßen Richtung Hüven. Knapp 700 m hinter Groß Berßen stößt man auf die „Hünengräberstraße“, deren Gräber sich beiderseits der K 138 befinden. Ausgangspunkt zur Besichtigung der Gräber ist der Wanderparkplatz südlich der Kreisstraße.

Kleinod jungsteinzeitlicher Baukunst

Mit der Hünengräberstraße des Hümmlings erwartet Sie eine erstaunliche Konzentration urgeschichtlicher Architektur. Mindestens 22 Megalithbauten standen hier ehemals und noch heute kann man auf einer Distanz von nur 1000 m neun Großsteingräber besichtigen. Es wird vermutet, dass sich die hohe Gräberdichte keineswegs zufällig ergab. Wahrscheinlich führte hier bereits in der Steinzeit ein wichtiger Handelsweg entlang. Und so nutzte man die Gelegenheit, mit weithin sichtbaren, prächtigen Grabbauten aufzutrumpfen. Von den erhaltenen neun Megalithbauten befinden sich übrigens sieben im teilweise Heide-bewachsenen Naturschutzgebiet Holschkenfehn. Zwei weitere liegen westlich davon.

Ungebetene Gäste

Es liegt auf der Hand, dass die Hünengräberstraße schon frühzeitig das Interesse der Forschung erregte. So widmete sich etwa Advokat und Landmesser Heinrich Bödiker den Gräbern bereits im Jahre 1825 detailliert. Dank seiner sowie weiterer historischer Aufzeichnungen wissen wir heute, dass die Gräber vermutlich zwischen 1750 und 1800, das heißt in der frühen Blütezeit des Steinhandels, gravierender Zerstörung ausgesetzt waren. Aber auch noch Mitte des 20. Jhs. erhielt die Straße unerwünschten Besuch: Damals kam es zu so genannten „wilden“, d.h. unerlaubten Grabungen.

Keimzelle emsländischen Hünentums

Die allerersten Riesen der Region lebten nach einer Erzählung auf dem Hümmling. Wie besessen bauten sie ein mächtiges Steinhaus nach dem anderen. Erst als sie dem Hümmling keinerlei Bauland mehr abringen konnten, zogen sie weiter, ließen sich an der Ems nieder und errichteten nun dort ihre wunderbaren Findlingsbauten.

Ipeken Tannwald

Das westlichste Grab der Gruppe, Ipeken Tannwald, liegt südlich der Kreisstraße. Die von einer lückenhaft erhaltenen, ovalen Umfassung gerahmte Grabstätte verfügte vermutlich ehemals über zehn Decksteine. Sechs sind vollständig, einer in Bruchstücken sichtbar. Der mittlere war vielleicht der Tordeckstein und imponiert durch seine ungewöhnliche Größe. Die Wandsteine stecken großenteils noch tief in der Erde.

Im Ipeken

Im Ipeken

Gerade einmal halb so groß wie das vorgenannte ist das sich 200 m östlich anschließende Großsteingrab Im Ipeken. Es imponiert durch einen sehr guten Erhaltungszustand. Alle Wand- und Decksteine sind vor Ort verblieben, überwiegend sogar in Originallage.

Wappengrab

Knapp 600 m östlich schließt sich das vielzitierte Wappengrab an. Dessen westliches Ende stand mit seinem prägnant geformten Deckstein Modell für das Emsland-Wappen – daher der Name neuzeitlichen Datums. Derart zuvorkommend begegnete man dem Monument leider nicht immer: Tiefe Bohrlöcher bezeugen einen Sprengversuch. Das Grab wies ehemals wohl fünf Decksteine auf. Drei davon sind heute noch zu sehen, wenngleich partiell nur in Fragmenten.

Wappengrab

Königsgrab

Nördlich der Kreisstraße stoßen Sie auf eines der bekanntesten Großsteingräber des Emslandes, das so genannte Königsgrab. Warum die als besterhaltene Grablege der Hünengräberstraße gerühmte Stätte diesen Namen trägt, weiß genau genommen niemand. Schließlich wurden hier mehrere Personen und nicht bloß ein einziger König bestattet. Vereinzelt spekuliert man, der Name sei zu einem Zeitpunkt entstanden, als das von Künstlern umschwärmte Grab noch nicht hinter Bäumen verborgen lag, sondern weit sichtbar aus der Heidelandschaft emporragte. Damals sei der Anblick so majestätisch gewesen, dass man sich einfach nicht habe vorstellen können, an Ort und Stelle die Überreste Normalsterblicher anzutreffen. Heute befindet sich das von ovaler Einfassung umschlossene Bauwerk in den Resten des entstehungszeitlichen Hügels. Seine Maße werden mit etwa 24 x 12 m angegeben. Offenbar fehlt kein einziger Deckstein. Von den Umfassungs- und Wandsteinen hingegen wurden einige entwendet.

Königsgrab

Rekonstruiertes Großsteingrab

Nicht einmal 100 m südöstlich des Königsgrabes liegt ein rekonstruiertes Großsteingrab. Infolge von Bauarbeiten an der Kreisstraße wurde es 1955/56 wissenschaftlich untersucht und wiederaufgebaut. Wegen des rekonstruierten Erdhügels unterscheidet sich das Antlitz dieses ehemals mit fünf Decksteinen versehenen Grabes grundsätzlich von allen anderen der Hünengräberstraße. Sehr schön kann man hier das typische Zwickelmauerwerk, also die Ausfugung zwischen den Wandsteinen, sowie die charakteristische Bodenpflasterung begutachten. Von der heutigen Eingangshöhe des begehbaren Bauwerks indes sollte man sich nicht täuschen lassen. Aufgrund technischer Probleme bei der Rekonstruktion entspricht sie nicht der ursprünglichen Eingangssituation, die niedriger angesetzt war. Selbstverständlich wurde das Grab ausgiebigst auf Beigaben inspiziert: Man förderte Tonscherben von rund 330 Gefäßen, u.a. Trichterbecher, Flaschen und Schalen, ans Tageslicht. 22 querschneidige Pfeilspitzen, diverse Feuerschlagsteine, ein roh zugeschlagenes Feuersteinbeil sowie Reste einer kleinen Kupferscheibe folgten.

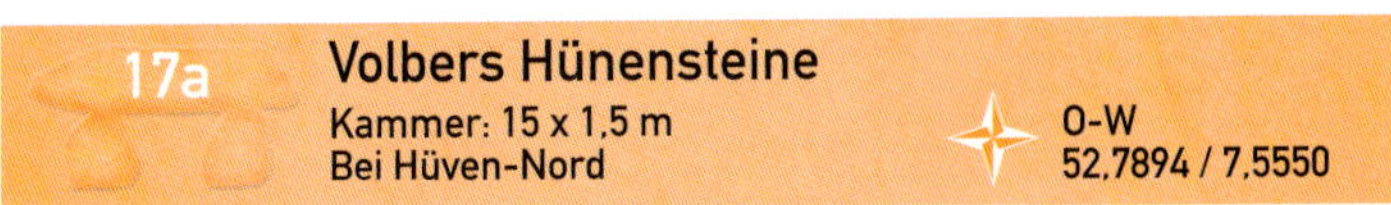

L 65 Hüven Richtung Eisten/Sögel. Nach knapp 500 m am Ortsausgang (am Beginn eines Waldstücks) kann das Grab über einen Wirtschaftsweg zu Fuß erreicht werden (ca. 150 m).

Urgeschichtliches Prunkstück

Äußerst ansehnlich sind Volbers Hünensteine. Zu recht werden sie fast immer unter den beeindruckendsten Megalithanlagen des Emslandes aufgelistet. Inmitten einer Eichengruppe gelegen und somit einem Ideal des frühen 19. Jhs. entsprechend, fehlt bei diesem ziemlich großen Megalithgrab beinahe kein einziger Stein!

Volbers Hünensteine

Volbers Hünensteine heute

Alle Wandsteine sind vor Ort anzutreffen. Ebenso haben sich fast alle Steine der ovalen 22 x 10 m messenden Umfassung erhalten. Und sogar von den Decksteinen liegen acht der ursprünglich mutmaßlich elf in Originalposition.

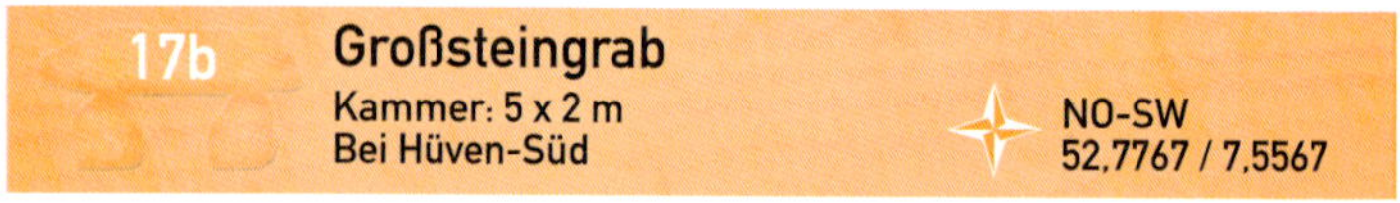

L 65 Hüven Richtung Lähden; nach rund 1,1 km rechts auf die Straße „Hüvener Mühle“. Das Grab liegt ca. 100 m entfernt, westlich der Straße auf einer kleinen Anhöhe, von Birken und Eichen gesäumt.

Kleine Kammer in großem Hügel

Das sehr gut erhaltene Großsteingrab nördlich der Hüvener Mühle ist bei vergleichsweise kleiner Kammer durch einen besonders mächtigen Hügel gekennzeichnet. Bemerkenswerte 16 x 22 m misst er. Auch die drei noch immer auf den Wandsteinen ruhenden, imposanten Decksteine bieten einen ansprechenden Anblick.

17c Großsteingrab

Kammer: 21,5 x 1,8 m
Bei Lähden-Nord

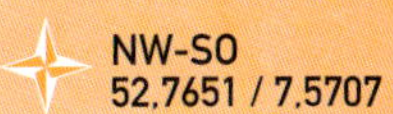

NW-SO
52,7651 / 7,5707

L 65 Hüven Richtung Lähden. Das Grab liegt rund 1 km südlich der Hüvener Mühle in einem kleinen Waldstück, wenige Meter westlich der Landstraße.

Bedeutender Zweireiher

Mit einer schlichten, einreihigen Umfassung wollten sich unsere jungsteinzeitlichen Vorfahren offenkundig auch bei diesem Großsteingrab nicht zufriedengeben. Dem berühmten Megalithgrab bei Thuine (→ 12a) ähnlich, konstruierte man hier einen zweifachen Steinkranz. Er ist nicht ganz so gut erhalten wie der Thuiner. Dennoch lohnt das Monument einen Besuch – es wurde ausgesprochen großzügig angelegt und verfügt über ungemein beeindruckende Decksteine.

Großsteingrab bei Lähden-Nord

Das Großsteingrab heute

Wahrscheinlich zählten zu der bemerkenswerten Anlage ursprünglich 15 Decksteine. Manche Forscher sprechen sogar von 16. Zu sehen sind heute zehn. Die lückenhaft erhaltene doppelte Umwallung misst 25 x 7 m.

Zwischen Station 17 b und c ist die im 16. Jh. errichtete, von einem Findlingsfundament getragene **Hüvener Mühle** zu sehen. Sie zählt zu den seltenen kombinierten Wind- und Wassermühlen. In **Lähden** steht mit der **Waldbühne Ahmsen** die seit Jahren besucherstärkste Freilichtbühne Niedersachsens.

18a Steenhus in den Klöbertannen

Kammer: 16,5 x 2,3 bis 1,8 m
Bei Werpeloh

O-W
52,88548 / 7,49057

L 51 Sögel Richtung Börger, in Werpeloh nach ca. 1,1 km links in die Straße „Zum Klöwer“ bis zur Parkmöglichkeit. Von hier zu Fuß links, dann ca. 400 m geradeaus. *Achtung: Station 18a + b befinden sich auf dem Gebiet einer militärischen Erprobungsstelle. Bitte geschlossene Schranken und Sperrzeiten unbedingt beachten – Lebensgefahr! (Aktuelle Sperrzeiten unter www.baainbw.de, Rubrik „Dienststellen“, Menü „WTD91“).*

Beliebtes Bauelement an ungewohntem Ort

Das gut erhaltene Steenhus wartet mit einer Besonderheit auf: Zwei im Kammerinneren befindliche Megalithen. Früher als verschobenes Tragsteinpaar interpretiert, werden sie inzwischen als Wand diskutiert, die die Kammer in sog. „Quartiere" unterteilte. Derart segmentierte neolithische Kammern finden sich vielerorts in Europa, weniger jedoch im Emsland. Oberhalb des Steenhus-Eingangs prangt ein in Originallage verbliebener, mächtiger Deckstein (3,1 x 1,9 m). Zwei südlich der Kammer vernehmbare Steine deuten auf eine ca. 22 m lange Umwallung.

18b Großsteingrab in den Klöbertannen

Kammer: 20 bis 21 x 1,6 m
Bei Werpeloh
O-W
52.8885 / 7.50233

L 51 Werpeloh Richtung Börger, nach ca. 1,1 km links in die Straße „Zum Klöwer" bis zur Parkmöglichkeit. Von hier zu Fuß rechts (ca. 400 m). *Achtung: Station 18a + b befinden sich auf dem Gebiet einer militärischen Erprobungsstelle. Bitte geschlossene Schranken und Sperrzeiten unbedingt beachten – Lebensgefahr!*

Großsteingrab in den Klöbertannen

Neolithische Flickschusterei?

Das ursprünglich ca. 27,5 m lange Hünenbett umschließt eine stattliche 14-jochige Kammer. Von den 10 erhaltenen Decksteinen sind sechs in Originalposition anzutreffen. Interessanterweise stockte man bei dieser Grablege – an Station 20b erinnernd – zwei zu kurz geratene Tragsteine mit jeweils einem kopfgroßen Feldstein auf, um die Lücke zum Deckstein zu füllen.

18c Großsteingräber auf der Buschhöhe

Grab I Kammer: 6,3 x 2 bis 2,7 m
Grab II Kammer: 3,7 x 1,8 m
Werpeloh
O-W
N-S 52.87272 / 7.5244

L 51 von Sögel nach Werpeloh. Im Ortskern der Ausschilderung zum Zeltplatz folgen, dann rechts auf „Zum Windberg". Die Großsteingräber finden sich nach ca. 1,3 km am Zeltplatz.

Differente Bautypen auf engstem Raum

Bescheidene zwölf Meter trennen die beiden gut erhaltenen Anlagen voneinander und doch folgen sie andersartigen Bauschemata: Bei Grab I handelt es sich um ein sog. Ganggrab, d.h. um den in NW-Deutschland etabliertesten Typus. Das dreijochige Grab II wurde indes als Großdolmen mit Zugang an der südlichen Schmalseite konzipiert. Ob beide Stätten ehemals zu einem größeren Bestattungsareal gehörten, ist unbekannt.

18d Steenhus in Börger

Kammer: 14,5 x 2,5 m
Börger

O-W
52,91472 / 7,52817

In Börger an der Hauptkreuzung auf die L 51 Richtung Surwold. Nach ca. 220 m links in die Straße „Am Hünenstein“. Das Grab befindet sich am Ende der Straße rechts, direkt neben dem Jugend-Gästehaus Börger.

Spektables Monument

Das Steenhus ist das besterhaltene Megalithgrab in Börger (von insgesamt drei): Fast alle Trag- und Decksteine blieben nahezu unbeschadet. Von den elf Decksteinen haben sich neun erhalten, fünf in Originalposition. Südlich stehen elf Tragsteine, nördlich zwei am Ursprungsort. Reste des Hügels sind identifizierbar, von den Umfassungssteinen lediglich einer.

19 An den Hünensteinen

Kammer: 10,5 x 2,4 m
Ostenwalde

52,8372 / 7,5900

L 65 Hüven Richtung Sögel/Werlte. In Waldhöfe rechts auf die K 137 Richtung Ostenwalde, dann rechts in die Emslandstraße (K 125) Richtung Lahn. Das Grab liegt kurz hinter der Kreuzung links, östlich der Emslandstraße.

Lehrreiche Versetzung

Das Großsteingrab zählt zu den wenigen fundiert untersuchten Nordwestdeutschlands. Ursache der Erforschung war die geplante Versetzung der Hünensteine im Jahre 1971. Im damaligen Zeitalter der so genannten „autogerechten Innenstadt“ war man der Überzeugung, das Grab gefährde am bisherigen Standort die Verkehrssicherheit. So translozierte, d.h. versetzte, man es etwa 70 m weiter nach Osten. Jene Maßnahme war ausgesprochen lehrreich. Erneut wurde

Transloziertes und rekonstruiertes Großsteingrab An den Hünensteinen

deutlich, dass sich jungsteinzeitliche Erbauungstechniken nicht problemlos kopieren lassen: Trotz modernster Geräte war es beinahe unmöglich, die Decksteine zufriedenstellend auf den Tragsteinen zu platzieren. Als man sich schließlich darauf verständigte, sie neben der Kammer niederzulegen, brachte dies einen angenehmen Nebeneffekt mit sich – den nicht alltäglichen, ungehinderten Blick in das Innere eines Megalithgrabes. Bei der Erkundung der Grabstätte stieß man auf eine ungeahnte Grabbeigaben-Fülle. Obwohl das Grab schon zu einem früheren Zeitpunkt durchstöbert worden war, erspähte man noch immer mehrere tausend tiefstichverzierte Keramikscherben. Über 400 Gefäße ließen sich daraus rekonstruieren.

Das Dritte im Bunde

Erst im Rahmen der Grabungsarbeiten stellte sich heraus, dass neben den Anlagen in Thuine (→ 12a) und Lähden (→ 17c) auch diese Kammer über einen doppelten Steinkranz verfügt. Zudem konnte man mehrere Nutzungsphasen ermitteln. Inklusive der Nachbestattungen der Einzelgrabkultur, errechnete man eine „Belegungsdauer" von vielen hundert Jahren.

Das Großsteingrab heute

Beinahe alle Wand- und Decksteine sind vorhanden, obgleich teilweise nur in Bruchstücken. Der Eingang lag wohl in der Mitte der Südseite, sein Sturz war vermutlich in einer Höhe von 1,25 m angesetzt. Nach der Translozierungsmaßnahme wurden die Lücken zwischen den Wandsteinen neuerlich mit Zwickelmauerwerk aus Bruchsteinen gefüllt.

20a De Hoogen Steener

Kammer: 27,5 x 1,5 bis 2 m
Bei Werlte

NO-SW
52.8799 / 7.6822

L 30 Werlte Richtung Lorup. Nach ca. 2,5 km hinter den Teichen Richtung Einhaus/Bockholte rechts. Etwa 1,3 km geradeaus. Es folgt eine Parkmöglichkeit, von der das Grab über einen Fußweg erreichbar ist (ca. 100 m).

Decksteinreich

Dass einzelne Kammern westlich der Weser von verblüffender Größe sein können, belegt dieses Exemplar in eindrucksvoller Weise. Entstehungszeitlich reihte man bei den Hoogen Steener (Hohen Steinen) mutmaßlich 15 – manche glauben sogar 17 – Decksteine aneinander. So verfügt die Kammer über die außergewöhnliche Außenlänge von über 29 m und wird als längste Emsländische Kammer Niedersachsens gerühmt.

De Hoogen Steener

Vom vielfachen Nutzen eines jungsteinzeitlichen Bauwerks

Mit dem Ende der Steinzeit und dem Einzug neuartiger Bestattungssitten hatte das hünenhafte Bauwerk keineswegs ausgedient: Mehrfach suchte man es zur Rechtsprechung (→ 14f, 30a) auf. Auch stieß man im Zuge wiederholter Inspektionen während des 19. Jhs. auf verräterische Spuren: Direkt unterhalb der Decksteine lagen Fragmente verzierter Urnen verborgen. Sie deuten auf Nachbestattungen bronze- bzw. eisenzeitlichen Datums.

De Hoogen Steener heute

Die Kammer verfügt über einen sehr guten Erhaltungszustand. Die massiven Wandsteine stecken teilweise noch tief im Erdreich. 14 der mutmaßlich einst 15 bzw. 17 Decksteine liegen auf den Wandsteinen auf. Es ist davon auszugehen, dass der Eingang in der Mitte der Südseite lag. Die ursprünglich mutmaßlich in ovaler Form angelegte Umwallung weist Lücken auf.

Der **Bibelgarten**, das **Naturschutzgebiet Theikenmeer**, die 1545 erstmals urkundlich erwähnte **Kreutzmanns Mühle** und das **Naturschutzgebiet Bockholter Dose** zählen zu den wichtigsten Sehenswürdigkeiten im Umfeld von **Werlte**. **Vrees** gilt als eines der schönsten niedersächsischen Dörfer und wurde mehrfach preisgekrönt.

20b Poldenhünensteine

Kammer: ca. 6 x 2 m
Bei Werlte

NO-SW
52,8800 / 7,6413

L 30 Werlte Richtung Lorup. Links ab auf die K 139 (Rastdorfer Straße) Richtung Harrenstätte. Nach ca. 1,7 km links. Nach 0,5 km erneut links, dann bis zum Waldgebiet, wo nach kurzem Fußweg das Grab folgt.

Finales Hünenbett?

Zum Ausklang der Reise zu den prähistorischen Denkmälern des Emslandes wird man nochmals mit einer Besonderheit belohnt. Zumindest glaubten frühere Forscher, die verhältnismäßig kurze Kammer der Poldenhünensteine habe einst in einer ziemlich großzügig bemessenen, rechteckigen Umfassung gelegen und sei daher dem für das Emsland seltenen Typus der Hünenbetten zuzurechnen.

Poldenhünensteine

Die Poldenhünensteine heute

Von der vermeintlichen Umfassung sind bloß zwei Findlinge übrig geblieben. Mindestens ein Deck- und ein Wandstein wurden entfernt. Reste des Hügels sind erkennbar. Bei frühzeitigen Grabungen entdeckte man einige Tonscherben der Trichterbecherkultur.

Oldenburger Münsterland

Wo es unmöglich ist, Steine zu zählen

Nur ein kurzes Stück der *Straße der Megalithkultur* führt durch das Oldenburger Münsterland. Doch gleich mit der ersten Station treffen Sie auf eine überaus ansehnliche Anlage, deren Steine angeblich unzählbar sind.

K 122 Werlte bis Vrees. Von der Peheimer Str. (L 836) links ab Richtung Bischofsbrück. Das Grab folgt nach ca. 2,8 km, direkt nördlich der Straße in einem kleinen Waldstück.

Rendezvous mit dem Teufel

Ursprünglich waren die imposanten Teufelssteine Teil einer größeren Megalithgrab-Gruppe, die man im 19. und 20. Jh. abtrug. Von zwei Gräbern ist der Verbleib bekannt: Die so genannten „Klocksteine" wurden 1840 im Leerer Hafenkai verbaut, die so genannten „Dreisteine" 1851 in der Peheimer Kirche. Schenkt man einer beliebten Erzählung Glauben, wurden die Teufelsteine, von denen insbesondere der riesige westliche Deckstein beeindruckt, vom Teufel höchstpersönlich erstellt. Einen Schatz wollte er mit den zentnerschweren Findlingen verbergen, hieß es. Seither habe man wieder und wieder versucht, die genaue Anzahl der Steine zu ermitteln. Doch vergeblich – jedes Mal erhalte man eine andere Summe.

Teufelssteine

Die Teufelssteine heute

Die Kammer des Hünenbettes ist vollständig erhalten, die Umfassung dagegen fragmentarisch. Leider ist unklar, ob Letztgenannte ehemals rechteckigen oder ovalen Grundrisses war. Der eingearbeitete Schriftzug des östlichen der insgesamt drei Decksteine ist eine Hinterlassenschaft des 20. Jhs.

22a Schlingsteine

Kammer: 24 x 1,5 m
Bei Lindern-Neuenkämpen

O-W
52,8589 / 7,7648

K 123/K 159 Vrees Richtung Lindern. Nach ca. 2 km rechts in den „Pastorenbusch". Nach etwa 1 km dem ausgeschildertem Fußweg folgen (ca. 100 m).

Megalithen-Recycling

Bohrlöcher der Schlingsteine

Die von Buchen umrankten Schlingsteine sind zu den so genannten überlangen Emsländischen Kammern zu zählen. Sie gehören zu den heidnischen Stätten, deren man sich zwecks Errichtung eines christlichen Gotteshauses als Steinbruch bemächtigte: Einige Megalithen wurden 1863 in der Linderner Kirche verbaut, andere kurz vor ihrer Zerstörung gerettet, wovon noch heute tiefe Bohrlöcher künden.

Die Schlingsteine heute

Wand- und Umfassungssteine der mächtigen Anlage stecken großenteils noch tief im Erdreich. 10 Decksteine, einer davon mit Sprenglöchern, sind sichtbar.

22b Hünensteine

Kammer: 5,9 x 1,7 m
Bei Lindern-Herrensand

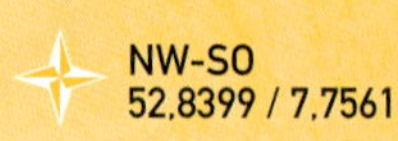

NW-SO
52,8399 / 7,7561

K 159 Vrees Richtung Lindern. In Lindern rechts auf die L 837 Richtung Auen/Werlte. Nach ca. 1,6 km links in den Feldweg fahren (PKW abstellen: Keine Wendemöglichkeit). Von hier führt ein Fußweg zum Grab (ca. 400 m).

Kolossaler Deckstein

Das Grab ist zwar nicht besonders groß, aber aufgrund seines guten Erhaltungszustandes und seiner prächtigen Findlinge sehenswert. Der größte erhaltene Megalith, ein Deckstein, misst 2,50 x 1,63 x 1,50 m!

Die Hünensteine heute

Die Wandsteine des Grabes sind beinahe ausschließlich in erbauungszeitlicher Lage anzutreffen. Von den vormals vier Decksteinen fehlen zwei.

22c+d c) Großsteingrab am Hohen Stein d) Der Hohe Stein

Bei Lindern-Garen

22c) Kammer: 8 x 1,6 m, ✦ O-W, 52,8076 / 7,7515
22d) Kammer: 9,2 x 2,5 m, ✦ NO-SW, 52,8081 / 7,7490

L 839 Lindern Richtung Löningen. In Garen rechts auf den Hünensteinweg. Nach ca. 2 km dem ausgeschilderten Fußweg folgen (ca. 150 bzw. 300 m).

Ungleiches Gespann

Die beiden 200 m entfernt voneinander positionierten Gräber bilden ein abwechslungsreiches Paar. Der westlich gelegene „Hohe Stein“ beeindruckt durch seine Lage auf einer Düne. Das „Am hohen Stein“ genannte östliche Grab hingegen fasziniert wegen seiner hohen Wandsteine und des noch aufliegenden, ziemlich mächtigen Decksteins am westlichen Kammerende.

Die Großsteingräber heute

Alle Wandsteine des Hohen Steins haben sich erhalten, wenngleich nicht alle am ursprünglichen Ort. Von den ehemals sechs Decksteinen sind heute noch drei erkennbar, einer davon in gesprengtem Zustand. Beim Großsteingrab Am Hohen Stein ist der westliche Teil relativ unversehrt, der östliche dagegen beinahe verschwunden. Vier der entstehungszeitlich mutmaßlich sechs Decksteine fehlen.

23 Oldendorfer Hünensteine

Kammermaße nicht rekonstruierbar ✦ O-W
Bei Oldendorf 52,7844 / 7,8305

Vom Ortszentrum Lindern in die Lastruper Straße Richtung Lastrup, dann Linderner Straße (L 837). Von dort B 213 Richtung Löningen. Nächste Abfahrt Richtung Oldendorf/Hammel, danach bis zur Kreuzung Baukelweg (Hinweisschild), diese überqueren (Weg „Hünensteine“) und dem Fußweg in den Wald (Hinweisschild) folgen. Das beschwerlich auffindbare Grab ruht etwa 100 m rechts des Waldweges.

Ruinöses Riesenwerk

Kurz vor den Toren des Naturparks Wildeshauser Geest ist mit den Oldendorfer Hünensteinen nochmals einer relativ lange Kammer zu besichtigen. Das Bauwerk ist nur in Fragmenten sichtbar. Gleichwohl mögen sich einige Megalithen noch unter dem ziemlich großen, vor Ort verblieben Hügel befinden.

Die Oldendorfer Hünensteine heute

Die Megalithen befinden sich in einem 30 x 10 x 1,80 m messenden Hügel. Nur wenige Wandsteine sind in Originalposition zu erkennen, außerdem zwei Decksteine. Die Kammermaße sind nicht rekonstruierbar.

Auf dem Weg zum Naturpark Wildeshauser Geest empfiehlt sich unbedingt ein Besuch des überregional bekannten **Museumsdorfes Cloppenburg**, wo u. a. beeindruckende ländliche Bauwerke aus den letzten 500 Jahren zu besichtigen sind.

Großsteingrab Am hohen Stein (Station 22c)

Naturpark Wildeshauser Geest & Oldenburg

Wo sich die Hünen betten

Unübersehbar sind sie, die riesenhaften Hünenbetten des Naturparks Wildeshauser Geest. Nirgendwo in diesen Breiten trifft man in vergleichbarer Zahl auf diesen Grabtypus und nicht zuletzt ihretwegen wird die Region in einigen Geschichtsbüchern als „Klassische Quadratmeile der Prähistorie" gehandelt. Dank frühzeitiger staatlicher Unterschutzstellung in der ersten Hälfte des 19. Jh., übrigens der ersten im nordwestdeutschen Raum, konnten insgesamt etwa 40 Großsteingräber vor der damals grassierenden Zerstörungswelle gerettet werden. Angaben über den ursprünglichen Bestand lassen sich, wie üblich, nicht vornehmen. Zumindest heute findet man die größte Großsteingrab-Dichte auf dem hügeligen Geestrücken um Wildeshausen und Ahlhorn vor. Genau in diesem Gebiet ist auch das berühmteste Brautpaar der Region beheimatet, die rund 5000 Jahre alte Visbeker Braut (→ 28a) und ihr nicht minder betagter, megalomaner Bräutigam (→ 24a). In unmittelbarer Nähe des Bräutigams wartet ein zusätzlicher Höhepunkt jungsteinzeitlicher Baukunst, der von Malern und Dichtern umschwärmte Heidenopfertisch (→ 24b). Abstecher zu den teilweise rekonstruierten Großen Steinen bei Kleinenkneten (→ 25) und der von höchst angenehmer Fluss- und Heidelandschaft flankierten Glaner Braut (→ 30b-d) sollten außerdem auf dem Programm stehen. Unter den regionalen urgeschichtlichen Glanzlichtern firmiert im Übrigen das Pestruper Gräberfeld (→ 26), ein bronze- und eisenzeitlicher Friedhof enormer Ausmaße. Bestattungsbräuchen jener Zeit verschrieben hat sich das Kreismuseum

Huntemarsch am Morgen

Syke in einer kleinen Abteilung. Wer gerne radelt, kann zwischen vielerlei archäologischen Erlebnisrouten wählen. Alleine das Projekt „Faszination Archäologie. Mystische Routen rund um die Steinzeit“ hält acht Touren zu den wichtigsten vor- und frühgeschichtlichen Sehenswürdigkeiten des Naturparks parat.

Jenseits der Prähistorie

Selbstverständlich bietet der Naturpark Wildeshauser Geest weit mehr als wunderbare Hünenbetten. Der dicht vor den Toren Oldenburgs und Bremens gelegene, ca. 190.000 Einwohner/innen zählende Naturpark wird zu den größten der Bundesrepublik gerechnet. Auf trockene Zahlen reduziert, umschließt er eine Fläche von 1532 km^2 und ist durch radfahrerfreundliche Höhenunterschiede von maximal 40 m charakterisiert. Eine ganze Reihe schöner mittelalterlicher Kirchen und Fachwerkbauten, die berühmte Klosterruine Hude, großenteils noch funktionstüchtige Wind- und Wassermühlen (u.a. in Hengstlage, Ganderkesee oder Heiligenrode), das beliebte Künstlerdorf Dötlingen und vor allem eine angenehm weitläufige und abwechslungsreiche Landschaft zählen zu den markantesten Eckpunkten des Naturparks. Vielerorts laden neu installierte Melkhueser mit frischen Milchprodukten zu gesunden Pausen ein. Genau im Herzen der Region ist die Stadt zu lokalisieren, die dem Naturpark ihren Namen gab – Wildeshausen. Ehedem bekannter als Oldenburg, gründeten Reichtum und Berühmtheit insbesondere auf einem klugen Schachzug Graf Waltberts, einem Enkel des Sachsenherzogs Widukind: Dank seines Engagements wurden die sterblichen Überreste des hl. Alexander um 850/51 von Rom in die verkehrsgünstig gelegene Huntestadt überführt. Die bis ins 17. Jh. in der Alexanderkirche verwahrten Reliquien übten eine magische Anziehungskraft auf die Menschen aus, Wildeshausen avancierte zu einem begehrten Wallfahrtsort. Wirtschaftliche Blüte folgte und ganz nebenbei erfüllte sich eine weiteres Ziel Waltberts – der Christianisierungsprozess wurde vorangetrieben.

Wildeshausen, Alexanderkirche

Moore, Teiche, Urwälder

Weitläufige Naturschutzgebiete prägen das gesamte Gebiet. Im Süden befindet sich das 640 ha umfassende Goldenstedter Moor, eines der größten geschlossenen Moorgebiete Deutschlands. Naturschutzinformationszentrum, Moorerlebnispfad, Moorbahn und Moortunnel gewähren Einblick in die Unter-, Neben- und Zwischenwelten des Moores. Unweit westlich bietet das preisgekrönte Twistringer Museum der Strohverarbeitung einen interessanten Zugang in die nur scheinbar unscheinbare Welt dieses Naturproduktes. Selbstverständlich existiert im „Land der Hünen“ auch eine Hünenburg. Nahe Twistringen gelegen, weist dieser interessante frühmittelalterliche Burgwall mit jüngst rekonstruiertem Tor allerdings weder bauhistorisch noch funktional irgendeine verwandtschaftliche Beziehung zu den jungsteinzeitlichen Hünenbetten auf. Im Westen des Naturparks lädt das Areal der bekannten Ahlhorner Fischteiche zu ausgedehnten Spaziergängen. Gegen Ende des vorletzten Jahrhunderts auf großherzoglichen Wunsch weitschweifig angelegt, steht das 437 ha umfassende, einst rund 40 Teiche zählende Gebiet inzwischen unter Naturschutz und ist als Rastvogelgebiet von überregionaler Bedeutung. Nicht minder geruhsames Promenieren verheißt der südwestlich benachbarte „Urwald" Baumweg. Apropos Urwald: Im Nordosten des Naturparks existiert ein zweiter – der 630 ha große „Urwald" Hasbruch. Seit über 150 Jahren wurde das Waldgebiet nicht mehr bewirtschaftet, eigenwillig gewachsene, hunderte Jahre alte Eichen geschont. Für Urgeschichtsliebhaber lohnt ein kurzer Abstecher in das Naturschutzgebiet Holler und Witte Moor. Etwa 4 km nordwestlich der altehrwürdigen mittelalterlichen Klosterruine Hude gelegen, wurden hier die Abschnitte zweier, weit über 2000-jähriger Bohlenwege rekonstruiert. Interessant sind vor allem die dortigen Kultfiguren-Kopien, deren Originale (um 129 v. Chr.) zum Bestand des Oldenburger Landesmuseums für Natur und Mensch zählen. Per Kanu über das Wasser wandern und zugleich den „Lebensraum Fluss" inspizieren, kann man dank des Hunte-Wasserwanderlehrpfades, der zwischen Oldenburg und Wildeshausen angelegt wurde. Vielfältige Kanutour-Angebote offeriert man in seinem Umfeld und so können sich auch Ungeübte aus ungewohnt wassernaher Perspektive durch Geest, Heide, Moor und Marsch arbeiten.

Oldenburg: Klassizismus-Genuss am Fluss

Eingebettet in die norddeutsche Tiefebene, bietet die mehr als 160.000 Einwohner zählende, charmante Universitätsstadt an der Hunte reichlich Potenzial zur abwechslungsreichen Entschleunigung: Nicht großspurige Monumentalität, sondern edle Zurückhaltung spiegelt das Formenvokabular der vielen ansehnlichen Klassizismus-Bauten, die im 18. und 19. Jahrhundert errichtet wurden und bis heute stadtbildprägend wirken. In Oldenburg, so heißt es, gibt es mehr Fahr-

Das Oldenburger Schloss

räder als Einwohner. Und es gibt noch einen Rekord zu verzeichnen: Schon 1967 wurde der motorisierte Verkehr aus der Innenstadt verbannt. Heute ist fast das gesamte Zentrum Shoppingareal, das nur von Fußgängern benutzt werden darf. Sehenswert sind u.a. die St. Lamberti-Kirche, das Oldenburgische Staatstheater und das Schloss, heute Sitz des Landesmuseums für Kunst und Kulturgeschichte.

Von der Fußgängerzone aus empfiehlt sich ein Abstecher ins „Dobbenviertel". In diesem herrschaftlichen Wohnviertel wurden die sog. Oldenburger Hundehütten, ein charakteristischer Häusertyp der Gründerzeit, in besonders großer Zahl errichtet. Und mittendrin: Der rund 16 Hektar große Schlossgarten. Angelegt im Stil eines englischen Landschaftsgartens, erfuhr er in den 200 Jahren seines Bestehens nur wenige Eingriffe, so dass er sich bis heute fast unverändert, zum Teil sogar mit dem ursprünglichen Baumbestand, darbietet.

Märkte, Museen, Mausoleen

Zu allen Jahreszeiten macht Oldenburg durch vielbeachtete Märkte von sich reden: Bei den international renommierten Keramiktagen beispielsweise präsentieren alljährlich im August über 120 ausgewählte Werkstätten Erlesenes rund um das Thema Keramikkunst. Ob avantgardistische Gartenplastik oder redliche Suppenschüssel, wichtigstes Auswahlkriterium bildet die hohe Qualität des Kunsthandwerks. Im Herbst pilgern jedes Jahr über 1,5 Mio. Menschen nach Oldenburg, um sich auf dem beliebten Kramermarkt zu amüsieren. Und auch der weihnachtliche Lamberti-Markt lockt viele von weit außerhalb. Großherzöge und wohlhabende Bürger sammelten Kunst und kulturell Bedeutsames und machten ihre Sammlungen Untertanen und Mitbürgern zugänglich. So entstand eine überraschend abwechslungsreiche Museumslandschaft. Reisenden in Sachen Archäologie empfiehlt sich selbstverständlich ein Besuch des Landesmuseums für Natur und Mensch: Eingebunden in ein keineswegs alltägliches Ausstellungskonzept, sind hier die zentralen archäologischen Funde des Naturparks Wildeshauser Geest untergebracht. Parallel können Sie vor Ort naturkundlichen und ethnologischen Fragestellungen auf den Grund gehen. Wärmstens empfohlen werden können überdies die umfangreiche, sich über mehrere Häuser erstreckende Sammlung des Landesmuseums für Kunst und Kulturgeschichte und das Edith-Ruß-Haus für Medienkunst, das

Der Oldenburger Schlossgarten

sich – relativ einzigartig in den hiesigen Gefilden – allein der Kunst neuer Medien verschrieben hat. Stadtmuseum samt Horst-Janssen-Museum sind ebenso ein Muss. Der Maler und Grafiker wurde unweit des gleichnamigen Museums, auf dem Gertrudenfriedhof, beigesetzt. Und genau an dieser Stelle schließt sich der Kreis: Auf dem Gertrudenfriedhof errichtete man vor knapp 200 Jahren ein herzogliches Mausoleum – und nutzte dabei wahrscheinlich die Findlinge eines Großsteingrabes, das bei Steinkimmen liegt (→ 32).

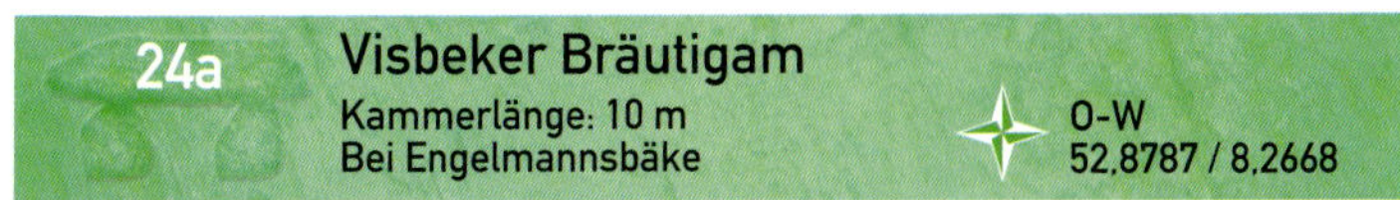

B 213 von Cloppenburg nach Ahlhorn. Hier rechts auf die L 880 Richtung Visbek. Nach ca. 3,8 km links zum Landgasthof Engelmannsbäke. Von hier führt ein ausgeschilderter Fußweg zu den Gräbern (ca. 1 km).

Hochbetagter Publikumsmagnet

Der Staat ließ sich den Visbeker Bräutigam 200 Taler Gold kosten, als er ihn im Jahre 1874 aus privater Hand erwarb. Beinahe zeitgleich schwärmte der Megalith-Kenner Wilhelm Blasius, wahrscheinlich gäbe es nirgendwo auf dem europäischen Kontinent eine urgeschichtliche Stätte, die an den „Visbeker Bräutigam“ heranreiche und noch zu Beginn des 20. Jhs. pilgerten angeblich tagtäglich bis zu 500 Wissbegierige zu der neolithischen Stätte. Doch warum eigentlich zog und zieht diese granitene Anlage die Menschen so sehr in den Bann? Obgleich wir inzwischen wissen, dass jungsteinzeitliche Kulturen auch anderen Ortes beeindruckende Spuren hinterlassen haben, Wilhelm Blasius also dezent übertrieb, verdient die Anlage in der Tat und unbedingt einen Besuch. Schließlich handelt es sich bei dem 104 m langen Bräutigam um das längste Hünenbett Niedersachsens, um das sich die wohl populärste „Sage“ der Region, die „Sage von Braut und Bräutigam“ (→ 28a), rankt.

Eine Hochzeit und fünf Grabstätten

Nur ein paar Schritte vom Bräutigam entfernt treffen Sie auf vier weitere Großsteingräber unterschiedlicher Gestalt. Irritierenderweise firmieren sie alle unter dem Namen „Bräutigam“. Nach der bekannten, zugehörigen Braut fahndet man bei Engelmannsbäke indes vergeblich. In gebührender Distanz ruht sie nordöstlich des Gatten in spe (→ 28a). Ein schöner, rund 4000 m langer Wanderweg, der so genannte „Brautweg“, führt zu ihr.

Die Großsteingräber heute

Grab I: Visbeker Bräutigam

Das längste Grab der Gruppe, der Bräutigam, befindet sich in einem sehr guten Erhaltungszustand. Die jungsteinzeitlichen Baumeister trugen rund 170 Steine zusammen, um die imposante 104 x 9 m

Visbeker Bräutigam

messende Umfassung anzulegen. Etwa 130 der in lang gestreckter Rechteckform angeordneten Umfassungssteine haben sich erhalten, wobei die massiven, bizarr geformten Findlinge der östlichen Schmalseite besonders beeindrucken. In Relation zur Umfassung mutet die westlich platzierte Kammer nachgerade winzig an. Deutlich zu sehen sind fünf Decksteine sowie die Kuppen zweier Wandsteine. Der Rest wird vom Erddamm verdeckt.

Grab II (Hügelhöhe: 1 m)
Wenige Meter nordwestlich des Bräutigams erbaute man seinerzeit ein Megalithgrab bescheidenster Ausmaße. Nur zwei, aus dem niedrigen Hügel emporragende Decksteine sowie die Kuppe eines Wandsteins sind zu erblicken. Die Kammer ist vermutlich weitgehend intakt.

Grab III (Kammer: 23,8 x max. 1,8 m, ✦ O-W)
Die Kammer dieses Grabes kann sich sehen lassen. Sie ist mehr als doppelt so lang wie die des südöstlich gelegenen Bräutigams und veranlasst schon länger zu Spekulationen: An ihrem westlichen Ende fällt ein ungewöhnlicher Knick ins Auge. Möglicherweise errichtete man zuerst ein Hünenbett mit rechteckiger Umwallung, entschloss sich aber zu einer Erweiterung. Im Zuge jener Vergrößerung, glaubt man, habe man den bisherigen südöstlichen Bereich zerstört, um eine größere Kammer mit Gang und ovaler Einfassung anzulegen. Leider fehlt von dieser Umfassung inzwischen die gesamte nordwestliche Langseite. Anhand der erhaltenen Steine der übrigen Seiten lässt sich die Ursprungsform dennoch gut erahnen. Die Megalithen der Kammer weisen gleichermaßen Lücken auf. Zwei Decksteine sind in Originallage zu sehen, der Rest ist verstürzt, verrutscht oder zerstört.

Grab IV (Kammermaße nicht ermittelbar, ✦ O-W)
Wenige Meter südwestlich des Brautwagens liegt ein weniger gut erhaltenes Megalithgrab. Seine kleine Steinkammer liegt ungefähr in Ost-West-Position und ist tief im Erdreich verankert. Über die Jahrtausende hinweg hat sich bloß ein Deckstein, der inzwischen in die Kammer gestürzt ist, erhalten. Unterdessen befinden sich die meisten Wandsteine in Originalposition.

Grab V: Brautwagen (Kammer: 9 x 3 m, ✦ NO-SW)
Auf den schönen Namen „Brautwagen“ hört das Megalithgrab, das nur wenige Meter südöstlich von Grab I zu besichtigen und durch einen ausgezeichneten Erhaltungszustand gekennzeichnet ist. Nach Konsultation des Bräutigams mag der in den Resten eines Hügels steckende, mit vier Decksteinen versehene Brautwagen geradezu kümmerlich erscheinen. Dieser Eindruck täuscht: Das eigentliche „Herzstück“, die vollständig erhaltene Kammer, ist nur unwesentlich kleiner, wurde allerdings ohne monumentale Umwallung konzipiert.

Anfahrt s. Station 24a. Vom dortigen Parkplatz führt ein ausgeschilderter Fußweg zum Grab (ca. 400 m).

Von beglückender Schwermut

Nur wenige Gehminuten vom „Visbeker Bräutigam“ entfernt, liegt, von stattlichen Eichen gesäumt, der vielgerühmte Heidenopfertisch. Allen Unkenrufen zum Trotz handelt es sich bei der bemerkenswerten Stätte definitiv um ein Großsteingrab und nicht um einen Opferaltar. Im frühen 19. Jh. animierte das Grab zu manch pathetischem Gedicht und melancholisch stimmender Graphik. Auch die bekannte, heute im Besitz des Oldenburger Stadtmuseums befindliche Lithographie des Oldenburger Hofmalers Ludwig Philipp Strack (1761–1836, Abb. S. 24) zeugt von starker Idealisierung. Sie entstand 1827,

Heidenopfertisch

zu einer Zeit, als man Schwermut als Tugend empfand. So konterkarierte Strack die eigentlichen Größenverhältnisse, maximierte den Eindruck des „Erhabenen und Schauerlichen". Bis heute gilt der Heidenopfertisch als eines der bestechendsten jungsteinzeitlichen Bauwerke des gesamten Naturparks. Dabei gründet die Popularität der eigentlich recht kleinen Stätte vor allem auf einem außerordentlich großen Deckstein, der mehrere hundert Zentner wiegt und beachtliche 5 x 3 x 1,2 m misst.

Heikle Vorurteile

Bei den rötlichen Flechten der altarförmigen Anlage handele es sich um verkrustete Blutspuren, ließ man früher verlauten. An dieser Stelle seien in grauer Vorzeit Menschen und Tiere geopfert worden, hieß es. Unweigerlich fühlt man sich an die Diffamierung Andersgläubiger durch mittelalterliche Kirchenvertreter erinnert. Erstaunlicherweise aber erhielt der Heidenopfertisch seinen Namen nicht im Mittelalter, sondern im frühen 20. Jh. Die Langlebigkeit mancher Klischees verblüfft, existiert doch bis heute kein einziger stichhaltiger Beweis für Menschenopfer während der Trichterbecherkultur.

Der Heidenopfertisch heute

Die Wandsteine befinden sich zu großen Teilen in Originallage. Hinsichtlich der ursprünglichen Decksteinanzahl scheiden sich die Geister. Die einen glauben, das Grab habe neben dem erhaltenen lediglich einen weiteren aufgewiesen, der lange vor 1840 gesprengt und für ein Hausfundament genutzt worden sei. Andere gehen von zwei zerstörten Decksteinen aus. Nichtsdestotrotz – zumindest der erhaltene Deckstein muss entstehungszeitlich noch größer gewesen sein, denn im frühen 19. Jh. wurde ein Teil des östlichen Endes gesprengt.

Im Naturschutzgebiet „**Bäken der Endeler und Holzhauser Heide**" nahe **Visbek** findet man neben seltenen Vögeln wie dem Eisvogel drei bemerkenswerte historische **Wassermühlen**.

24c+d Ahlhorner Kellersteine
Bei Engelmannsbäke

24c) Kammer: 11,3 x 3 bis 2 m, ✦ NW-SO, 52,8814 / 8,2804
24d) Kammer: ca. 6 x max. 2,5 m, ✦ O-W 52,8811 / 8,2813

Von Station 24a gelangen Sie zu Fuß über den „Brautweg“ zu den ca. 1 km nordöstlich gelegen Ahlhorner Kellersteinen.

Steinige Lektion

„O wunner, o wunner, Wat ligg hier woll unner?“ (Oh Wunder, oh Wunder, was liegt hier wohl drunter?), stand nach einer Erzählung auf einem der prächtigen Decksteine der Ahlhorner Kellersteine. Jahrhunderte lang habe man gerätselt, was es mit der geheimnisvollen Inschrift auf sich haben könne. Bargen die mysteriösen Steine etwa kostbare Schätze unter sich? Irgendwann hätten ein paar junge Ahlhorner die Geduld verloren, hieß es, und unter Zuhilfenahme einiger Baumstämme den zentnerschweren Deckstein emporgehoben. Ihrer Neugierde aber wurde eine steinige Lektion erteilt: Nichts, gar nichts fanden sie, außer der Inschrift: *„Dat würd nu uck all hoge Tied, Dat ick mal keem upp de annere Siet!“* (Das wird nun auch langsam Zeit, dass ich mal auf die andere Seite komme!)

Vom Grabmal zum Mahnmal

Das östliche Grab (24d) verdankt seine Bekanntheit einem traurigen Umstand: Zu Beginn des 20. Jh. sprengte man einen der drei Decksteine mittig, ließ seine inzwischen diagonal in die Kammer gestürzten Fragmente aber vor Ort zurück. So ist das verhältnismäßig kleine Bauwerk derweil als Mahnmal mutwilliger Großsteingrabzerstörung lesbar.

Die Ahlhorner Kellersteine heute

Grab 24c
Fast alle Wandsteine des westlichen Grabes haben sich erhalten. Wenngleich z.T. in die Kammer abgesunken oder beschädigt, sind die fünf Decksteine sogar vollzählig vor Ort verblieben.

Grab 24d
Die etwas kleinere, etwa 60 m östlich anzutreffende Megalithanlage ist in einen Rundhügel von etwa 14 m Durchmesser gebettet. Ihre Wandsteine haben sich mehrheitlich in Originallage erhalten. Von den ursprünglich mutmaßlich drei Decksteinen fehlt einer, einer liegt auf, der Dritte ist mittig zerbrochen.

Ahlhorner Kellersteine, Grab 24d

25a-c Große Steine

Bei Kleinenkneten

25a) Größe der drei Kammern: s. Text, ✦NO-SW, 52,8629 / 8,4372
25b) Kammer: 6 x max. 2 m, ✦Nord-Süd, 52,8632 / 8,4363
25c) Kammer: ca. 5,7 x 1,1 m, ursprüngliche Ausrichtung: nicht überliefert, 52,8633 / 8,4374

K 248 Wildeshausen Richtung Colnrade/Goldenstedt. An Station 26 (Pestruper Gräberfeld) vorbeifahren, dann auf Höhe Pestrup rechts Richtung Kleinenkneten. Die Gräber folgen nach rund 2 km rechts der Straße in einem Waldstück und sind über einen Fußweg (150 m) erreichbar.

Grab 25a: Drei-Kammer-Rarität

Große Steine nennt man sie lapidar, obwohl Grab 25a+b zu den imposantesten neolithischen Anlagen des gesamten Naturparks zählen. Grab 25a, auf das man vor Ort zuerst trifft, besitzt fulminanterweise drei Kammern innerhalb nur einer Einfassung. In anderen Teilen Europas stößt man häufiger auf Mehrfachkammern, in Niedersachsen ist die Dreierkonstellation selten. Wieso sich die prähisto-

Große Steine, Grab 25a

rischen Bauherren bei dieser Grablege nicht mit einer einzigen Kammer zufriedengaben, ist nicht hundertprozentig geklärt. Archäologen mutmaßen, bei dem Hünenbett seien zwei ehemals unabhängig voneinander existierende Kammern nachträglich durch eine dritte, mittig positionierte Kammer ergänzt worden.

Grab 25b: 45 Eisenbahnwaggons für die Ahnen

Das Grab gilt als drittlängstes Hünenbett des Naturparks. Es wurde zwischen 1934 und 1939 untersucht und anschließend rekonstruiert. Das Bauwerk ruft einmal mehr in Erinnerung, dass man in der Jungsteinzeit keinerlei Mühe scheute, den Verblichenen ein unvergängliches Ambiente zu kredenzen. Über 90 Findlinge mit einem Gesamtgewicht von 300 Tonnen verbaute man bei dem Monument. Berechnungen der 1990er Jahre zufolge trug man für den Erdhügel stattliche 700 m^2 Erde zusammen. In der Summe hätte man mit dem

Baumaterial 45 Eisenbahnwaggons füllen können. In jüngster Zeit wird diese Zahl vermehrt in Frage gestellt: Die Erdaufschüttung sei ursprünglich weit höher gewesen, glauben einzelne Fachleute. Man habe die durch Erosion abgetragenen Erdmassen nicht berücksichtigt.

Lampe oder Zwirngefäß?

Bei den von NS-ideologischer Voreingenommenheit überschatteten Grabungs- und Rekonstruktionsarbeiten der 1930er Jahre barg man vielerlei Befremdliches, unter anderem ein ungewöhnliches Gefäß mit mehreren Ausgusstüllen. Das heute im Oldenburger Landesmuseum für Natur und Mensch aufbewahrte Tonbehältnis beflügelte zu interessanten, jedoch nicht allerorts geteilten Theorien. Einst habe es als eine Art „urgeschichtliche Lampe" gedient, glauben manche. Andere mutmaßen, es handele sich bei dem Fund um ein Zwirngefäß.

Wenn Riesen Fangball spielen

Nach einer Erzählung sind die beiden Grab-Giganten auf äußerst simplem Wege entstanden. Riesen ließen die schweren Findlinge zurück, nachdem sie eine Zeit lang mit ihnen Fangball gespielt hatten. Auf dem größten Stein, munkelte man früher, könne man noch heute fünf verräterische Fingerabdrücke erblicken.

Grab 25c: Verrückte Steine

Wer glaubt, das willkürliche Versetzen vermeintlich störender Bauwerke sei eine Erfindung der Nachkriegszeit, irrt gewaltig. Grab 25c befand sich ursprünglich auf dem Dötlinger Wellohsberg, musste aber dem geplanten Bau einer Flugbahn weichen. So translozierte, d.h. „verrückte" man es, bzw. seine oberirdisch sichtbaren Bestandteile bereits in den 1930er Jahren an den heutigen Platz.

Die Großen Steine heute

Grab 25a

Ehemals war die 34 x 6 bis 8 m große Umfassung des Hünenbettes wohl von rechteckiger Form. Ihre Steine sind großenteils in Originallage verblieben. Die drei Kammern, auf deren Existenz man erst durch die Grabungsarbeiten der 1930er Jahre aufmerksam wurde, sind relativ gut erhalten. Die Wandsteine der nordöstlichen Kammer sind beinahe vollzählig und in entstehungszeitlicher Position anzutreffen. Während bei dieser Kammer noch zwei Decksteine zu sehen sind, wurden die der mittigen Kammer vollständig entfernt. Die Wandsteine unterdessen beließ man an Ort und Stelle, so ist heute eine Größe von 5 x 1 bis 1,5 m zu ermitteln. Bei der südwestlichen, 8 x 1,8 m großen Kammer sind noch alle fünf Decksteine zu besichtigen.

Große Steine, Grab 25b

Grab 25b

49 x 7 m misst die gut erhaltene rechteckige Umfassung des Hünenbettes, das zu den wenigen Nord-Süd

gerichteten Megalithanlagen des Nordwestens zählt. Die Decksteine sind bis auf eine Ausnahme verschollen. Zudem fehlt ein Wandstein der Kammer.

Grab 25c

Das dritte Grab ist nicht nur das einzige translozierte, sondern zugleich das mit Abstand kleinste der Gruppe. Die Wandsteine scheinen annähernd vollzählig, von den Decksteinen fehlt jede Spur.

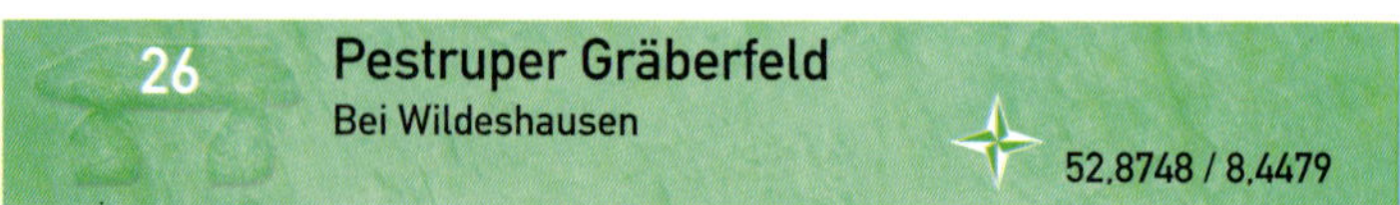

26 Pestruper Gräberfeld

Bei Wildeshausen

52.8748 / 8.4479

K 248 Wildeshausen Richtung Colnrade/Goldenstedt. Nach ca. 1,5 km folgt linkerhand ein Wanderparkplatz. Das Gräberfeld befindet sich auf der gegenüberliegenden Seite.

Größter bronze- und eisenzeitlicher Friedhof

Weit mehr als 500 Grabhügel erwarten Sie auf dem Pestruper Gräberfeld, das als größter erhaltener bronze- und eisenzeitlicher Friedhof des nördlichen Mitteleuropa gilt. Eingebettet in ein Naturschutzgebiet, das zu den letzten großen, zusammenhängend erhaltenen Heideflächen des Oldenburger Raumes zählt, lädt das Terrain nicht nur während der Heideblüte zu stimmungsvollen Spaziergängen ein. Ehemals gehörten deutlich mehr Hügel zu dem Gräberfeld. Leider fielen sie gewaltsamen Übergriffen zum Opfer. Um weiteren Schäden vorzubeugen, erklärte man den Bezirk 1992 zum Grabungsschutzgebiet – dem größten Niedersachsens. Im Norden des Gräberfeldes informiert ein kleiner Infopoint über Details der sehenswerten Anlage.

... und nun auch noch die Pest?

Kein Wunder – dieser gigantische Friedhof beflügelte von jeher die Phantasie der Menschen, Geschichten und Erzählungen entstanden. Gemeinsam ist ihnen die den Megalith-Teufelssagen verwandte Tabuisierung heidnischer Orte: Auch das Pestruper Gräberfeld solle man am besten erst gar nicht aufsuchen, hieß es. Schließlich, so ließ man verlauten, erinnere der Name „Pestrup“ an eine grauenvolle Seuche, die massenhaft und kläglichst Riesen dahingerafft habe. Allesamt hätten sie auf dem Gräberfeld zur letzten Ruhe gefunden, selbst der Hünenkönig. Unter einem der größten Hügel habe man ihn niedergelegt.

Bronze oder Eisen

Eine konkrete Datierung aller Bestattungen des Pestruper Gräberfeldes ist nach dem jetzigen Stand nicht möglich. Das Gros bisheriger Grabfunde entstammt der vorrömischen Eisenzeit (ca. 700 v. Chr. – Chr. Geb.). Vereinzelt wurden zudem Beigaben der Bronzezeit (ca. 2000–700 v. Chr.) gesichtet.

Pestruper Gräberfeld mit Schafkoben

Körper oder Asche

Dem Zeitpunkt der Nutzung gemäß, wurden auf dem Pestruper Gräberfeld keine Körper-, sondern überwiegend Brandbestattungen in Urnen vorgenommen. Unter einigen Hügeln fand sich Leichenbrand, der samt Holzkohle und verbrannter Beigaben direkt mit Erde überhügelt wurde.

Urne des Pestruper Gräberfeldes

Von wegen Könige

Viele Jahrzehnte wähnte man unter den größten Hügeln, den im Norden gelegenen, so genannten „Königshügeln", die sterblichen Überreste herausragender Persönlichkeiten. Ende der 1950er Jahre entpuppte sich dieser Glaube als Irrtum. Archäologen inspizierten einen Königshügel und fanden zu aller Überraschung heraus, dass es sich bei diesem Hügel nicht um eine bronzezeitliche Bestattung, sondern schlicht um einen bronzezeitlichen Verbrennungsplatz handelte. Erst in der vorrömischen Eisenzeit (700 v. Chr. – Chr. Geb.), d.h. lange nach seiner Nutzung als Verbrennungsplatz, nahm man hier Urnenbeisetzungen vor.

Rituelles Pflügen

Während die Mehrheit der Hügel des Pestruper Gräberfeldes von runder Form und dabei nicht höher als 1,50 m ist, fallen im Zentrum ca. 14 lang gestreckte Wälle, so genannte Langwälle, ins Auge. 1959 untersuchte man einen der Wälle und stieß u.a. auf ein Knochenlager. Außerdem fand man alte Pflugfurchen. Der zuständige Grabungsleiter interpretierte sie als Zeichen so genannten „rituellen Pflügens“, d.h. im Kontext damaligen Totenkultes.

Neben der berühmten **Alexanderkirche** (12./13. Jh.) locken in **Wildeshausen** u.a. der angrenzende **Remter** (um 1200), angeblich das als älteste bewohnte Haus der Region, das einzige gotische **Rathaus** (frühes 15. Jh.) jener Breiten, ein **Druckereimuseum** sowie das von unaussprechlichem Namen gezeichnete **Dampfkornbranntweinbrennereimuseum**.

27a Hohe Steine

Kammer: 17 x 1,4 bis 2 m
Bei Wildeshausen

B 213 Wildeshausen Richtung Ahlhorn. Nach ca. 2 km folgt südlich der Bundesstraße ein Parkplatz. Ab hier dem ausgeschildeten Fußweg zum Grab folgen (ca. 350 m).

Archäologie-Genuss in Landstraßennähe

Vermutlich rechnen nur die wenigsten damit, in unmittelbarer Nähe einer vielbefahrenen Bundesstraße auf eine erhabene prähistorischen Stätte treffen zu dürfen. Wahrhaftig überzeugt das Megalithgrab wegen seiner mächtigen Decksteine und seines guten Erhaltungszustandes.

Die Hohen Steine heute

Von der überlangen Kammer wurde lediglich ein Wandstein sowie einer der insgesamt elf Decksteine entfernt. Die enge ovale Einfassung ist lückenhaft, doch in ihrer ursprünglichen Grundrissform gut erkennbar. In der Mitte der südlichen Langseite befand sich ein Eingang, dessen Deckstein verstürzt ist.

Hohe Steine bei Wildeshausen

27b Bargloyer Steinkiste

Bei Wildeshausen

52.8890 / 8.3917

B 213 Wildeshausen Richtung Ahlhorn, nach ca. 2 km links Richtung Bargloy. Der Straße bis zum Wendehammer folgen. Ab hier zu Fuß zu der auf einer Anhöhe befindlichen Steinkiste (ausgeschildert, ca. 100 m).

Individuum statt Kollektiv

Im ersten Augenblick könnte man fälschlicherweise meinen, bei der zierlichen Bargloyer Steinkiste handele es sich um ein jungsteinzeitliches Großsteingrab en miniature. Doch weit gefehlt: Die kaum mehr als 2 x 1,5 m messende Grablege ist erheblich jüngeren Datums. Sie entstand mutmaßlich in der Tradition der späten Jungstein- bzw. älteren Bronzezeit, etwa zwischen 2000 und 1600 v. Chr. Auch fand in der von sechs Wandsteinen und einer dünnen Steinplatte gebildeten Steinkiste keineswegs eine Gruppe, sondern lediglich eine Einzelperson zur letzten Ruhe.

Pastoraler Forschertrieb

Das kleine Bauwerk mag anfangs etwas unscheinbar wirken. Tatsächlich aber ist es ebenso ungewöhnlich wie mysteriös. Nicht nur, dass bronzezeitliche Steinkisten, also in den Boden eingetiefte, von großen Steinplatten überdeckte Gräber, innerhalb der Region relativ selten anzutreffen sind. Auch konnte die Funktion der über 20, von Menschenhand in den Deckstein eingearbeiteten Schälchen (→ 3a, 10b) bis heute nicht zufriedenstellend entschlüsselt werden. Unwillens, das Rätselraten um die interessante Stätte länger zu ertragen, veranlasste Pastor Oldenburg bereits im Jahre 1820 kurzerhand Grabungen. Aus den Funden, u.a. einem bronzenen Kurzschwert und feuersteinernen Pfeilspitzen (heute: Landesmuseum für Natur und Mensch Oldenburg), schloss man damals auf eine bronzezeitliche Männerbestattung.

Kultkuhlen-Kult

Der Kult um die „Kultkuhlen", die bohrende Frage nach der eigentlichen Bestimmung der Schälchen also, hielt auch nach Pastor Oldenburgs Untersuchungen an. Zwar spricht bis heute vieles für eine rituelle Bedeutung der Einkerbungen im Rahmen kultischer Handlungen. Doch welcher? Felsenfest gesichert ist einzig, dass die Schälchen der Bargloyer Steinkiste kein Einzelphänomen verkörpern (→ 3a, 10b).

28a Visbeker Braut

Kammer: 5 x 1,5 m

Bei Steinloge

NO-SW

52.8920 / 8.3243

B 213 Wildeshausen Richtung Ahlhorn. Nach knapp 6 km links abbiegen. Nach ca. 700 m folgt rechts ein kurzer, ausgeschildeter Fußweg zu dem im Wald gelegenen Grab.

Besuch bei einer alten Dame

Warum man dieses über fünf Jahrtausende alte Hünenbett, das zweitlängste des Naturparks übrigens, ausgerechnet als „Braut“ bezeichnet, ist nicht eindeutig belegt. Feststeht allerdings, dass sich ähnlich titulierte Großsteingräber von Skandinavien bis Frankreich finden, die Visbeker Namenswahl also keiner kapriziösen Launenhaftigkeit zu verdanken ist. Einzelne Forscher vermuten, die Bezeichnung resultiere aus der vorchristlichen Tradition, Megalithanlagen für zentrale Sammlungen und Feierlichkeiten wie Vermählungen aufzusuchen. Lebenswichtige Veränderungen habe man im Beisein der Vorfahren begehen wollen, da man sich einen gleichsam magischen Einfluss der Ahnen erhofft habe. Andere Theoretiker zogen dagegen den Schluss, speziell bei den Hochzeitsfeierlichkeiten sei es weniger um die Nähe zu den verstorbenen Familienmitgliedern als vielmehr um den Glauben an eine fruchtbarkeitsspendende Wirkung großer Steine (→ 13) gegangen.

Die Sage von Braut und Bräutigam

Dank einer Sage, einer der meistzitierten Großsteingrab-Sagen Nordwestdeutschlands, scheint die Visbeker Braut ewiglich mit ihrem Gatten in spe, dem 4 km entlegenen Visbeker Bräutigam (→ 24a) vereint. 1801 erstmals niedergeschrieben, wurde die Sage in mehreren Versionen überliefert. Nach einer Fassung schritt Gretchen, Bauerstochter aus wohlhabendem Hause, leichenblass über die Visbeker Heide. Im Gefolge: Ihr eigener Brautzug. Noch am selben Tage sollte sie einen ungeliebten Mann ehelichen, den ihr geldsüchtiger Vater auserkoren hatte. Vollends gleichgültig schien ihm, dass Gretchens Herz für einen mittellosen Schäfer schlug. So wandte sich Gretchen in ihrer Not an Gott. Lieber wolle sie zu Stein erstarren als den verabscheuten Jüngling zum Manne zu nehmen. Sprach‘s und erstarrte samt Bräutigam und Hochzeitsgesellschaft zu Stein.

Visbeker Braut

Durch Trennung verbunden

Davon abgesehen, dass es sich bei Braut und Bräutigam um die beiden größten erhaltenen jungsteinzeitlichen Bauwerke der Wildeshauser Geest handelt und beide dem Typus der Hünenbetten zuzurechnen sind, bestand ursprünglich wohl kein tiefergehender Zusammenhang zwischen den beiden. Selbst der Sage nach sind die beiden ja eher durch Trennung als durch Verbindung einanderzugetan. Obwohl der

Visbeker Braut, Detail

Bräutigam heute bekannter ist, existierte die Braut – zumindest hinsichtlich ihrer Namensgebung – interessanterweise bereits vor dem väterlich Auserwählten. Erstmals schriftliche Erwähnung fand die Visbeker Braut unter gleichnamiger Bezeichnung bereits im Jahre 1765, der Gatte in spe dagegen erst sieben Jahre später.

Die Visbeker Braut heute

Das altehrwürdige Grab hat sein langes Leben bisher relativ unbeschadet überstanden. Von den ehemals rund 105 Steinen der rechteckigen, 80 x 7 m messenden Umfassung haben sich viele in Originalposition erhalten. Während die nordöstliche Schmalseite komplett zerstört ist, wartet die gegenüberliegende mit einer prächtigen Findlingsgruppe auf. Mehr als 2,50 m hoch ragt sie aus der Erde und bildet eine Wand von beachtlichen 9 m Länge. Es ist allerdings nicht sicher, ob diese Konstellation dem Urzustand entspricht. Manche Forscher glauben, es handele sich bei den imposanten Megalithen um die Decksteine der Kammer, die man hier im 19. Jh. – dem damaligen ästhetischen Ideal entsprechend – aufgerichtet habe. Und tatsächlich ist inzwischen nur noch ein Deckstein der Kammer zu erkennen, die bis zur Oberkante der Wandsteine in einem Erddamm im Südwesten der Einfassung liegt.

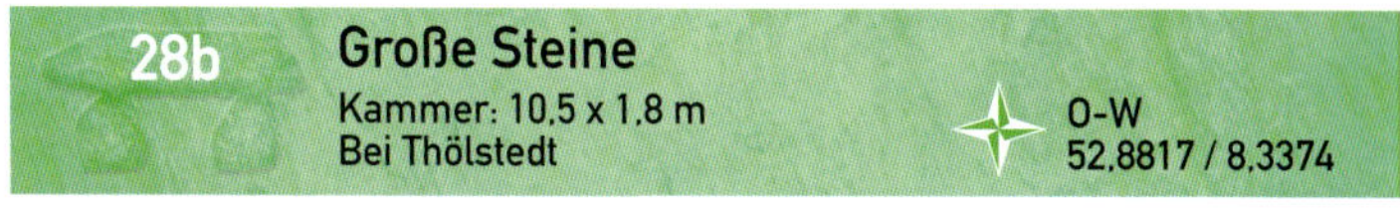

Von Station 28a kommend, ca. 1,5 km geradeaus Richtung Thölstedt/Südsüdost (teilweise über geschotterte Wege). Das Grab liegt direkt östlich der Straße.

Unterschätztes Monument

Im Kontrast zu seinen weitaus berühmteren „Namensvettern“, den Großen Steinen bei Kleinenkneten (→ 25), wird dieses Megalithgrab eher selten frequentiert. Es mutet erheblich bescheidener an, obwohl das Herzstück, die Kammer, eigentlich länger ist. Allerdings wird sie von keiner vergleichbar großzügigen Umfassung umschlossen.

Die Großen Steine heute

Die gut erhaltene Kammer steckt noch tief in den Resten ihres Hügels. Obwohl die Decksteine Lücken erkennen lassen, geht die Forschung von einem weitgehend unversehrten Erhaltungszustand aus.

29a+b Reckumer Steine

Bei Reckum

29a) Kammer: 19,5 x max. 2 m, NO-SW, 52,8695 / 8,4417
29b) Kammer: 14 x 2 m, O-W, 52,8707 / 8,4832

Von Wildeshausen auf der L 338 Richtung Harpstedt (Harpstedter Str.). Nach ca. 1 km rechts in den Twistringer Weg. Geradeaus in den Hedwigsweg, dann links in den Hubertusweg. Die Gräber folgen, knapp 500 m hinter Rüdebusch, beidseits der Straße.

Im Rampenlicht

Die Reckumer Steine sind die beiden letzten erhaltenen Großsteingräber einer nahe der Hunte positionierten Vierergruppe. Benannt nach der nahe gelegenen Ortschaft Reckum, täuscht die simple Namensgebung über die Aufmerksamkeit hinweg, die man diesen beiden Großsteingräbern angedeihen ließ. Bis ins 18. Jh. reichen schriftlich fixierte Kommentare zu den Grablegen zurück. Darüber hinaus ersann man gleich zwei phantasievolle Erzählungen zu den prähistorischen Anlagen.

Streitsüchtige Schäfer – Gelangweilte Riesen

Früher kursierte das Gerücht, in Wahrheit handele es sich bei den Reckumer Steinen um verfehdete Schäfer samt Herden. Wegen eines Zwistes seien sie zu Stein erstarrt; doch alle hundert Jahre, zur Heideblüte, löse sich der Zauber für eine Nacht. Dann zögen die Schafe bei Mondlicht über die Heide. Die Schäfer aber griffen ihre alten Streitigkeiten auf, um bei Morgengrauen erneut zu Stein zu erstarren. Vollends anderen Ursprungs sind die Reckumer Steine nach einer zweiten Erzählung: Einst katapultierte ein mächtiger Riese die stattlichen Findlinge als störenden Ballast aus seinen Stiefeln hierher. Als er Wochen später, eines sonnigen Tages, einen Freund vor Ort traf, wurde ihm bald langweilig. Und so erbaute er – aus purer Tristesse – die Reckumer Steine.

Reckumer Steine, Grab 29b

Die Reckumer Steine heute

Grab 29a

Bei dem westlich der Straße befindlichen Grab, auch unter der Bezeichnung „Opferaltar“ bekannt, ging man ehemals von einer inzwischen zerstörten, großzügigen Umfassung aus. Die jüngere Forschung hegt diesbezüglich Zweifel. Das neolithische Monument ist bis auf eine kleine Störung im Eingangsbereich an der Südostseite nahezu unbeschadet geblieben. Wenngleich zum Teil verrutscht und beschädigt, sind noch alle elf Decksteine zu sehen.

Grab 29b

Das östlich gelegene, von einer Baumgruppe umstandene Grab erfreut sich eines ähnlich guten Erhaltungszustandes: Nur am westlichen Ende lässt die Kammer Störungen erkennen.

Knapp 10 km nordöstlich der Reckumer Steine trifft man in **Harpstedt**, u.a. bekannt durch die Historische Kleinbahn **„Jan Harpstedt"**, vor dem beachtenswerten **Amtshof** (18. Jh.) auf den mysteriösen, mutmaßlich bronzezeitlichen **Sonnenstein**. Nur wenige hundert Meter entfernt liegt eine mittelalterliche **Niederungsburg**. Am Ortseingang passiert man das **Koems-Gelände** mit historischem Scheunenkomplex. Übrigens heißt es, in der Harpstedter **Friedhofsmauer** seien Findlinge eines Großsteingrabes verbaut worden.

30a Gerichtsstätte

Kammer: ca. 4 x 1,5 m
Dötlingen

Nord-Süd
52.9343 / 8.4101

L 872 Wildeshausen Richtung Dötlingen. Nach ca. 3,5 km links auf die K 237 Richtung Dötlingen. Links in die Straße „Zu Aschenbeck", dann erneut links. Das Grab liegt wenige Meter entfernt, nördlich der Straße in einem lichten Waldstück.

Justitias zentnerschwere Ahnen

Dieses Großsteingrab ist zwar nicht gut erhalten, doch lohnt es wegen seiner interessanten Geschichte eine Erwähnung. Sein befremdlicher Eigenname rührt von der bereits zitierten, bis ins 20. Jh. reichenden Tradition, Megalithanlagen als Stätten von Rechtsprechung und Beratung zu nutzen (→ 14f). Obschon bislang nicht erschöpfend geklärt werden konnte, seit wann und wieso dieser Brauch grundsätzlich gepflegt wurde, gilt bei der Dötlinger „Gerichtsstätte" als belegt, dass hier die Besitzer des nahe gelegenen Hofes Aschenbeck mindestens zwischen 1742 und 1812 Holzgericht über so genannte „Forstfrevler" abhielten.

Die Gerichtsstätte heute

Die kleine Steinkammer ist heute nur noch in Fragmenten sichtbar. Einige Wandsteine sind in Originallage zu besichtigen. Ein Deckstein liegt direkt neben dem Grab.

30b-d Glaner Braut

Bei Dötlingen

30b) Kammerbreite: ca. 2m, Länge nicht rekonstruierbar, ✢ O-W, 52,9304/8,3740
30c) Kammer: ca. 6 x 1 m, ✢ Nord-Süd, 52,9301/8,3745
30d) Kammer: 6 x 2 m, ✢ NO-SW, 52,9298/8,3737

In Dötlingen vom Dorfring abbiegen in den Heideweg, dann beim Lopshof rechts ab in den Sandweg. Von hier führt ein Wanderweg durch die Inloopswiesen zu den etwa 800 m entlegenen Gräbern.

Heidenwerk im Heideland

Diese, neuzeitlich „Glaner Braut" genannten Großsteingräber wurden einerseits von vorchristlicher „Heidenhand" errichtet. Andererseits ruhen sie inmitten einer Heide, nämlich dem 16 ha großen, reizvollen Naturschutzgebiet Glaner Heide. Woher aber stammt die Doppeldeutigkeit des Begriffs „Heide"? Leider ist die Herkunft wissenschaftlich umstritten. Manche glauben, sie resultiere aus der abfälligen christlichen Gleichsetzung zwischen ödem, unbebautem, d.h. „unzivilisiertem" Land und nicht getauften, nach früherem christlichen Verständnis ähnlich „unzivilisierten" Menschen. Andere mutmaßen, der Begriff sei aus der ehemaligen Praxis abgeleitet, alles außerhalb des eigenen kleinen Kosmos Befindliche, sei es geographischer, religiöser oder sonstiger Natur, mit dem Begriff der „Heide" zu umschreiben.

Kleine Hommage an eine große Schwester

Überraschenderweise wurde der einprägsame Name der Glaner Braut nicht aus dem bereits zitierten Hochzeits-Brauch (→ 28a) abgeleitet. Vielmehr vermutet man, die Namenswahl sei in Anlehnung an die seinerzeit ungleich populärere, deutlich größere „Schwester", die Visbeker Braut, getroffen worden.

Großsteingräber Glaner Braut

Die Glaner Braut heute

Die Gruppe wird aus zwei Hünenbetten und einem kleineren Ganggrab gebildet. Ein viertes, weitgehend zerstörtes findet sich etwas abseits. Gläserne Stelen gewähren direkt vor Ort eine kleine Einführung in das Thema „Megalithkulturen".

Hunte nahe Dötlingen

Grab 30b

Während die 50 x 8 m große Umfassung dieses Grabes, des längsten Hünenbettes der Glaner Heide, beinahe vollständig erhalten ist, ja lediglich in der Nähe der Kammer Schäden zu verzeichnen sind, weist die Kammer keinen guten Zustand auf. Weit und breit ist keiner der Decksteine zu sichten. Bei deren Abtrans port, so nimmt man an, entstanden die Schäden an der Umfassung. Da überdies nur wenige Wandsteine zurückgelassen wurden, ist die ursprüngliche Kammerlänge nicht zu rekonstruieren.

Grab 30c

Die Umfassung des nur wenige Meter östlich erbauten Hünenbettes ist mit 30 x 5 bis 6 m deutlich kleiner. Dafür verfügt das Grab über eine erheblich besser erhaltene Kammer. Ihre Wandsteine sind offenbar vollzählig anzutreffen. Die Decksteine allerdings fehlen bis auf einen und auch die Umfassungssteine sind lückenhaft.

Grab 30d

Bei diesem Grab, das einige Schritte südwestlich von Grab 30b liegt, handelt es sich um eine gut erhaltene Anlage. Da eine großzügige Umfassung fehlt, wirkt sie kleiner, obwohl das zentrale Moment des Grabes, die Kammer, größer als die des Grabes 30c ist. Die Wandsteine befinden sich nahezu komplett in Originallage. Drei von ursprünglich vier Decksteinen sind zu erkennen. Der Gang befindet sich in der Mitte der südöstlichen Langseite.

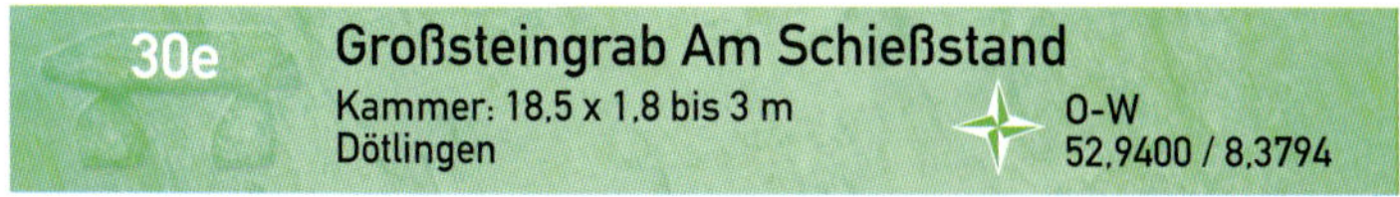

30e Großsteingrab Am Schießstand

Kammer: 18,5 x 1,8 bis 3 m
Dötlingen

O-W
52,9400 / 8,3794

Am Dötlinger Dorfring rechts in den Rittrumer Kirchweg, danach zweite Straße rechts „Am Steingrab". Das Megalithgrab findet sich am Straßenende.

Ein prähistorischer Schießstand?

Die Bezeichnung „Schießstand“ verleitet zu Trugschlüssen. Wer glaubt, vor Ort den Übungsplatz jungsteinzeitlicher Jäger besichtigen zu können, wird bitter enttäuscht. Die Bezeichnung ist alles andere als spektakulären Ursprungs und fußt sogar auf einem ausgesprochen unrühmlichen Ereignis. In den 1920er Jahren richtete man inmitten der Jahrtausende alten Stätte einen Schießstand ein und entfernte etliche Steine. Inzwischen ist der Schießstand zwar verschwunden, das Grab teilrekonstruiert, doch hinterließ die abstruse Aktion nicht revidierbare Schäden. Gleichwohl kann sich das Grab nun rühmen, zu den bestdokumentierten der Wildeshauser Geest zu zählen: Vor der Teilrekonstruktion veranlasste man ausgiebige Untersuchungen.

100.000 Scherben

Bernsteinkette, Grabfund des Großsteingrabes Am Schießstand

Rund 100.000 Scherben, zusammen zwölf Zentner Keramik, barg man, als man das Grab in den 1950er Jahren wissenschaftlich untersuchte. Mehr als 120 Gefäße ließen sich daraus rekonstruieren. Neben kleinen Feuersteingeräten entdeckte man außerdem ein besonders anmutiges Schmuckstück: Eine Kette, die aus bis zu 3 cm großen Bernsteinperlen besteht und inzwischen zu einer kleinen Berühmtheit avanciert ist. Heute im Besitz des Oldenburger Landesmuseums für Natur und Mensch, ziert ein Foto der Kette manches Buch zur Urgeschichte.

Das Großsteingrab heute

Einige Wandsteine haben sich in Originallage erhalten; zwei Decksteine liegen auf, die übrigen fehlen. Die stützenden Betonelemente resultieren aus den Rekonstruktionsmaßnahmen der 1950er Jahre. Damals erzielte man einen ungehinderten Blick auf die partiell sehr gut erhaltene Feldsteinpflasterung der Kammer.

Im frühen 20. Jh. war **Dötlingen** wegen seiner **Künstlerkolonie** berühmt. Noch heute deuten mehrere Galerien auf diese Zeit. Im Fundament von **St. Firminius** (12. Jh.), so heißt es, seien Findlinge eines Großsteingrabes verbaut worden. Unweit einer über 1000 Jahre alten **Eiche**, haben sich im Ortskern ansehnliche Bauernhäuser erhalten, unter ihnen der **„Tabkenhof“**, der als größtes Niedersachsenhaus Nordwestdeutschlands gilt. Ca. 6 km westlich liegt das bronze- und eisenzeitliche **Gräberfeld Hespenbusch** mit rund 54 erhaltenen Hügeln. Im weiteren Verlauf der Straße der Megalithkultur, etwa 6 km nördlich von Dötlingen, ist westlich, inmitten eines Maisfeldes, der so genannte **„Hexenstein“** anzutreffen. Wohl in der Bronzezeit wurden in den riesenhaften Granit über 40 so genannte Näpfchen (→ 3a) eingearbeitet.

31 Steenberg

Kammer: 16,3 x 2 m
Bei Sandhatten

K 237/L 872 Dötlingen Richtung Kirchhatten. Von Kirchhatten L 871 nach Sandhatten. In der Ortsmitte links Leuchtenburger Straße und in einer links-rechts Fahrbeziehung in die Ostrittrumer Straße. Nach ca. 600 m links in einen Wirtschaftsweg. Nach weiteren 300 m parken und ausgeschildertem Fußweg (ca. 600 m) zu dem in Ackernähe liegenden Monument folgen.

Jungsteinzeitlicher Steinberg

Ein in beeindruckender Gemeinschaftsleistung errichtetes Großsteingrab schlicht „Steenberg" (Steinberg) zu nennen, klingt aus heutiger Sicht nicht wirklich respektvoll. Den Namensspendern sei trotzdem verziehen. Bekanntlich war man in den vergangenen Jahrhunderten nicht immer mit Herkunft und Zweck der neolithischen Findlingskonstruktionen vertraut.

Der Steenberg heute

Das Megalithgrab weist einen relativ guten Erhaltungszustand auf. Seine Wandsteine existieren beinahe noch vollständig, zumeist sogar in Originallage. Sichtbar sind überdies sechs in die Kammer gestürzte Decksteine bzw. deren Überreste. Von der engen ovalen Einfassung haben sich bloß Fragmente erhalten.

In **Kirchhatten**, 2,5 km nordöstlich von **Sandhatten** steht **St. Ansgari** (13. Jh.), eine Kirche mit ungewöhnlicher Vita. Nach einer Erzählung entstand sie als Wiedergutmachung für den – angeblich unter Beteiligung einiger Hatter – vollzogenen Mord an einem Grafensohn. In **Huntlosen**, 3,5 km südwestlich von Sandhatten, wurde **St. Briccius** (13. Jh.) mit mächtigem bollwerkartigem Turm erbaut. Man vermutet, beim Vorgängerbau kamen Findlinge eines Großsteingrabes zum Einsatz.

32a+b Hünensteine

Bei Steinkimmen

32a) Kammer: 22,5 x max. 2,2 m, O-W 53,0455 / 8,4510
32b) Kammermaße: nicht rekonstruierbar, NW-SO, 53,0467 / 8,4532

L 888 Kirchhatten Richtung Steinkimmen/Hude, vor Steinkimmen rechts auf die K 232 Richtung Ganderkesee. Nach ca. 200 m liegt nördlich der Straße neben einem Parkplatz Grab 32a. Von hier führt ein Fußweg über die Straße „Bei den Großen Steinen" zu dem in einem Waldstück befindlichen Grab 32b (ca. 400 m, ausgeschildert).

Prähistorische Leibesübungen

Während sich in früheren Jahrhunderten manch renommierter Gelehrte den Kopf darüber zerbrach, was es mit den riesenhaften Bauwerken, den Großsteingräbern, auf sich haben könne, hielt man für die Steinkimmer Hünensteine eine verblüffend simple Erklärung parat. Tölpelige Riesen hätten die Megalithen zum Ballspiel genutzt und danach unverrichteter Dinge einfach zurückgelassen – daher der Name „Hünensteine".

Vom prähistorischen Gemeinschaftsgrab zum Herzoglichen Mausoleum

Etwa 400 m südlich der Hünensteine existiert ein weiteres, beinahe komplett zerstörtes Megalithgrab, das keinen Umweg lohnt, aber von einer interessanten Vergangenheit kündet. Mittels seiner Steine wurden über 5000 Jahre Begräbniskultur miteinander verwoben. Wahrscheinlich nutze man dieses Grab nämlich als Steinbruch für das im späten 18. Jh. erbaute Mausoleum der Herzogin Friederike auf dem Oldenburger Gertrudenfriedhof. Um die großenteils zerschlagenen, dennoch selten unter 400 kg schweren Steine nach Oldenburg zu transportieren, waren etliche Fuhren nötig.

Die Hünensteine heute

Grab 32a

Das Megalithgrab beeindruckt durch seine große Steinkammer, dessen ovale Einfassung zum Teil noch sichtbar ist. Viele Wandsteine haben sich – mitunter in Originalposition – erhalten. Um die Decksteine ist es schlechter bestellt. Lediglich der so genannte „Tordeckstein" liegt noch auf. Die übrigen, mutmaßlich ehemals zwölf Decksteine sind mehrheitlich in Form von Bruchstücken zu sehen.

Grab 32b

Etwa 300 m nordöstlich liegt das zweite Grab. Es beeindruckt durch einen wuchtigen, an einen Hang verlagerten Deckstein. Leider ist es weniger gut erhalten, seine ursprünglichen Maße sind nicht rekonstruierbar. Zwar haben sich mehrere Wandsteine in Originallage erhalten. Auch ist ein weiterer verstürzter Deckstein sichtbar, doch liegen die meisten Steine ungeordnet im Gelände. Der entstehungszeitliche Hügel ist in Ansätzen wahrnehmbar, der umgebende Wall neuzeitlicher Herkunft.

Nahe **Delthun** stößt man auf den so genannten **„Heidenwall"**, einen der beeindruckendsten frühmittelalterlichen Burgwälle der Region. Die Kirche **St. Cyprian und St. Cornelius** (15. Jh.) in **Ganderkesee** birgt eine kleine Berühmtheit in sich – eine Orgel **Arp Schnitgers** (17. Jh.).

33 Großsteingrab

Kammer: ca. 15 x 1,8 m
Stenum

K 228 Ganderkesee Richtung Schierbrok / Stenum. Nach ca. 5 km links im Kreisverkehr auf die K 227 / 335 Richtung Stenum / Bookholzberg. Das Grab folgt nach ca. 1,7 km westlich der K 335 auf einer Anhöhe und ist über einen Parkplatz zu erreichen.

Das Dorf bei den Steinen

In freier Übersetzung lautet der Ortsname „Stenum" (Steinheim) „Dorf bei den Steinen". Die Namenswahl kündet von der traditionell engen Beziehung der Region zu den eiszeitlich gewonnenen Findlingen. So scheint es nur folgerichtig, mittels eines stattlichen Granitblocks an die erste urkundliche Erwähnung Stenums im Jahre 1275 zu erinnern und sich dabei eines Wappens zu bedienen, das das Stenumer Großsteingrab zu erkennen gibt. Leider wurde der in markanter Synthese mit einer Eiche befindlichen urgeschichtlichen Stätte so viel Anerkennung nicht immer zuteil: Die Megalithen weisen vielerlei Sprengspuren auf.

Das Großsteingrab heute

Zwar fehlt der gesamte Südwestteil des Grabes, doch ist der Grundriss gut rekonstruierbar. Von den insgesamt drei erhaltenen Decksteinen liegt einer noch auf. Die beiden anderen wurden zu unbekanntem Zeitpunkt gesprengt. Reste liegen in der Kammer.

Rund 7 km nordwestlich wartet eines der beliebtesten Ausflugsziele des Naturparks – die Ruine des ehemaligen **Zisterzienserklosters Hude** (13. Jh.). Heute werden die von schönem Landschaftsgarten gerahmten Klostergebäude u.a. durch ein Museum und eine Galerie ergänzt. Etwa 30 Min. Fußweg benötigt man von hier zum so genannten **„Skulpturenufer"** des zeitgenössischen Bildhauers Wolf E. Schultz. Im Nordosten des Naturparks liegt zudem das **Naturschutzgebiet Hasbruch** mit bis zu 1200 Jahre alten Eichen.

Nützliche Adressen

Weiterführende Infos und Kartenmaterial zur „Straße der Megalithkultur" und zur „Radroute der Megalithkultur" unter:
www.strassedermegalithkultur.de

Regional relevante Megalith-Websites (Auswahl):
Archäologie online: www.archaeologie-online.de - Cultural Routes of the Council of Europe: http://culture-routes.net/routes/megalithic - Faszination Archäologie: www.steinzeitreise.de - Megalithic Routes: www.megalithicroutes.eu.de/die-megalithkultur-europa - Reiseland Niedersachsen: www.reiseland-niedersachsen.de/radroute-der-megalithkultur - Steinzeugen: www.steinzeugen.de - Stonepages: www.stonepages.de

Osnabrück & Osnabrücker Land

Gesamte Region

Tourismusverband Osnabrücker Land e.V. Herrenteichsstr. 17+18, 49074 Osnabrück, ☎ 0541-3234567, www.osnabruecker-land.de, **Tourist-Information**, Bierstr. 22-23, 49074 Osnabrück, ☎ 0541-3232202, www.osnabrueck.de/tourismus, **TERRA.vita Natur- und Geopark** Nördlicher Teutoburger Wald, Wiehengebirge, Osnabrücker Land e.V., Am Schölerberg 1, 49082 Osnabrück, ☎ 0541-5014217, www.geopark-terravita.de

Osnabrück

Diözesanmuseum, Domhof 12, 49074 Osnabrück, www.bistum-osnabrueck. de, **Erich Maria Remarque-Friedenszentrum**, Markt 6, 49074 Osnabrück, ☎ 0541-3232109, www.remarque.uos.de, **Felix-Nussbaum-Haus**, Lotter Str. 2, 49078 Osnabrück, ☎ 0541-3232207, www.osnabrueck.de/fnh, **Kulturgeschichtliches Museum**, Lotter Str. 2, 49078 Osnabrück, ☎ 0541-3232207, www.osnabrueck.de/kgm, **Kunsthalle Dominikanerkirche**, Hasemauer 1, 49074 Osnabrück, ☎ 0541-3232419, **Museum am Schölerberg – Natur und Umwelt – Planetarium**, Klaus-Strick-Weg 10, 49082 Osnabrück, ☎ 0541-560030, www.osnabrueck.de/mas, **Museum Industriekultur Osnabrück**, Fürstenauer Weg 171, 49090 Osnabrück, ☎ 0541-9127845, www.industriekultur-museumos.de, **Zoo Osnabrück**, Klaus-Strick-Weg 12, 49082 Osnabrück, ☎ 0541-951050, www.zoo-osnabrueck.de

Rund um die Stationen 1-10

1, **6**, **7** s. „Gesamte Region", **2 Tourist-Information Bissendorf**, Kirchplatz 1, 49143 Bissendorf, ☎ 05402-404-0, www.bissendorf.de, **3 Gemeinde Ostercappeln**, Gildebrede 1, 49179 Ostercappeln, ☎ 05473-92020, www.ostercappeln.de, **Eisenzeithaus**, Knostweg 4, 49179 Ostercappeln, www.eisenzeithaus.de, **Museum und Park Kalkriese**, Venner Str. 69, 49565 Bramsche-Kalkriese, ☎ 05468-92040, www.kalkriese-varusschlacht. de, **Schnippenburg** www.schnippenburg.de, **Venner Mühleninsel**, Osnabrücker Str. 4, 49179 Ostercappeln-Venne, **4 Gemeinde Belm**, Marktring 13, 49191 Belm, ☎ 05406-505-0, www.belm.de, **5 Gemeinde Wallenhorst**, Rathausallee 1, 49134 Wallenhorst, ☎ 05407-888-0, www.wallenhorst.de, s. zudem: www.rulle.de, **8 Stadtmarketing Bramsche** GmbH, Maschstr. 9, 49565 Bramsche, ☎ 05461-93550, www.bramsche.de, **Alfsee**, Am Campingpark 10, 49597 Rieste, ☎ 05464-92120, www. alfsee.de, **Tuchmacher Museum Bramsche**, Mühlenort 6, 49565 Bramsche, ☎ 05461-94510, www.tuchmachermuseum.de **9 Tourist-Information der Samtgemeinde Bersenbrück**, Markt 4-6, 49593 Bersenbrück, ☎ 05439-962470, www.bersenbrueck-tourismus.de, **10 Touristisches Informationsbüro Fürstenau**, Schloßplatz 1, 49584 Fürstenau, ☎ 05901-932019, www.fuerstenau.de, **Kuhlhoff**, Berger Str. 8, 49626 Bippen, ☎ 05435-910011, **Stift Börstel**, 49629 Börstel, www.boerstel.de

Emsland

Gesamte Region

Emsland Touristik GmbH, Ordeniederung 2, 49716 Meppen, ☎ 05931-442266, www.emsland.com

Meppen & Umgebung

Tourist Information Meppen (TIM) e.V., Markt 4, 49716 Meppen, ☎ 05931-153153, www.meppen-tourismus.de, **Internationaler Naturpark Bourtanger Moor - Bargerveen e.V.**, Ordeniederung 2, 49716 Meppen, ☎ 05931-442277, www.naturpark-moor.eu, **Naturpark Hümmling**, Ordeniederung 2, 49716 Meppen, ☎ 05931-442288, www.huemmling.de, **Emsland Archäologie Museum**, An der Koppelschleuse 19a, 49716 Meppen, ☎ 05931-6605, www.archaeologie-emsland.de, **Emsland Moormuseum**, Geestmoor 6, 49744 Geeste-Groß Hesepe, ☎ 05937-709990, www.moormuseum.de, **Herrenmühle**, An der Radde 1, 49716 Meppen, www.muehlengruppe-meppen.de, **Historisches Rathaus**, Markt 43, 49716 Meppen, www.meppen.de/stadtportraet, **Höltingmühle**, Am Nachtigallenwäldchen, 49716 Meppen, **Stadtmuseum Meppen**, Obergerichtsstraße 7, 49716 Meppen, ☎ 05931-1086, www.heimatverein-meppen.de

Rund um die Stationen 11-20

11 Touristikverein Freren-Lengerich-Spelle e.V., Mühlenstraße 39, 49832 Freren, ☎ 05902-940800, www.touristikverein-fls.de (auch zu Thuine), **Kulturkreis impulse Samtgemeinde Freren e.V.**, Bahnhofstraße 79 (Alte Molkerei), 49832 Freren, ☎ 05902-9392-0, www.impulse-freren.de, **Wasserburg Gut Hange**, Schaler Straße 8, 49832 Freren, www.freren.de, **12/13 Gemeinde Bawinkel**, Osterbrocker Straße 2, 49844 Bawinkel, ☎ 05963-8350, www.bawinkel.de, **Kloster der Thuiner Franziskanerinnen**, Kongregation der Franziskanerinnen, Klosterstraße 14, 49832 Thuine, ☎ 05902-5010, www.franziskanerinnen-thuine.de, **Ramings Mühle**, Hestruper Straße, 49838 Lengerich, www.ramingsmuehle.de, **Touristinformation der Stadt Haselünne**, Rathausstraße 2, 49740 Haselünne, ☎ 05961-509320, www.haseluenne.de, **Der Berentzen Hof GmbH mit Brennereimuseum**, Ritterstraße 7, 49740 Haselünne, ☎ 05961-5020, www.berentzen-hof.de, **Private Kornbrennerei H. Heydt**, Neustadtstraße 11, 49740 Haselünne, ☎ 05961-94450, www.heydt.de, **Edelkorn-Brennerei Jos. Rosche**, Neustadtstraße 35-38, 49740 Haselünne, ☎ 05961-94550, www.rosche.de, **Freilicht- und Heimatmuseum Haselünne**, Lingener Straße 30, 49740 Haselünne, ☎ 05961-509320, **14 - 17 Tourist-Information Sögel**, Am Markt 2, 49751 Sögel, ☎ 05952-206400, www. soegel.de, **Emslandmuseum Schloss Clemenswerth**, 49751 Sögel, ☎ 05952-9323-35, www.clemenswerth.de, **Batakhaus Werpeloh**, Hauptstraße 33, 49751 Werpeloh, www.batakhaus-werpeloh.de, **Wassermmühle Bruneforth**, Bruneforth, 49777 Stavern, www.soegel.de, **Hüvener Mühle**, Hüvener Straße, 49751 Hüven, ☎ 05964-959701, www.huevener-muehle.de, **Touristinformation der Samtgemeinde Herzlake**, Neuer Markt 4, 49770 Herzlake, ☎ 05962-880, www.herzlake.de, **Waldbühne Ahmsen**, Zur Waldbühne 21, 49774 Lähden-Ahmsen, ☎ 05964-1027, www.waldbuehne-ahmsen.de, **Werlte Touristik**, Marktstraße 1, 49757 Werlte, ☎ 05951-20157, www.werlte.de, **Bibelgarten Werlte**, Poststraße/Meyerhof, 49757 Werlte, www.st-sixtus-werlte.de/bibelgarten.php, **Kreutzmanns Mühle**, Kirchstraße 18, 49757Werlte, www. heimatverein-werlte.de

Oldenburger Münsterland

Allgemeine Auskünfte

Verbund Oldenburger Münsterland e.V., Oldenburger Str. 246, 49377 Vechta, ☎ 04441-95650, www.oldenburger-muensterland.de, **Museumsdorf**

Cloppenburg, Bether Str. 6, 49661 Cloppenburg, ☎ 04471-94840, www.museumsdorf.de, **21-22 Hasetal Touristik GmbH**, Langenstraße 33, 49624 Löningen, ☎ 05432-599599, www.hasetal.de, **23 Zweckverband Erholungsgebiet Thülsfelder Talsperre e.V.**, Eschstr. 29, 49661 Cloppenburg, ☎ 04471-15256, www.thuelsfelder-talsperre.de

Naturpark Wildeshauser Geest

Gesamte Region

Gästeservice Naturpark Wildeshauser Geest, Delmenhorster Str. 6, 27793 Wildeshausen, ☎ 04431-85351, www.wildegeest.de, www.steinzeitreise.de, dort auch Infos zu den **Ahlhorner Fischteichen**; zum Kanutourismus, Wasserlehrpfad und Hunteradweg: www.hunte-natur.de, **Tourist-Information Nordkreis Vechta** e.V., Kapitelplatz 3, 49377 Vechta, ☎ 04441-858612, www.nordkreis-vechta.de, **Kreismuseum Syke,** Herrlichkeit 65, 28857 Syke, ☎ 04242-2527, www.kreismuseum-syke.de, **Museum der Strohverarbeitung,** Kapellenweg 2, 27239 Twistringen, ☎ 04243-4492, www. strohmuseum.de

Rund um die Stationen 24-33

24 Touristinformation Großenkneten, Markt 3, 26197 Großenkneten, ☎ 04435-600117, www.grossenkneten.de, **Gemeinde Visbek**, Goldenstedter Str. 1, 49429 Visbek, ☎ 04445-890035, www.visbek.de, **25-28 Verkehrsverein Wildeshausen**, Am Markt 1, 27793 Wildeshausen, ☎ 04431-6564, www. verkehrsverein-wildeshausen. de; zu Harpstedt: **Samtgemeinde Harpstedt**, Amtsfreiheit 1, 27243 Harpstedt, ☎ 04244-820, **Dampfkornbranntweinbrennerei**, Brauereiweg 26, 27793 Wildeshausen, ☎ 04222-6517, www.brennereimuseum-wildeshausen.de, **Druckereimuseum**, Bahnhofstr. 13, 27793 Wildeshausen, ☎ 04431-6564, **30 Gemeinde Dötlingen**, Hauptstraße 26, 27801 Neerstedt, ☎ 04432-9500, www.doetlingen.de, www.doetlinger-gartenkultour.de, **31 Touristinformation Hatten**, Hauptstr. 21, 26209 Hatten, ☎ 04482-922266, www.hatten.de, **32/33 Gemeinde Ganderkesee**, Rathausstr. 24, 27777 Ganderkesee, ☎ 04222-440, www.ganderkesee.de, zu Stenum zudem: www.stenum.de, **Rathaus Hude**, Parkstraße 53, Hude, ☎ 04408-92130, www.hude.de, **Touristik-Palette Hude** e.V., Parkstraße 106, 27798 Hude, ☎ 04408-8090950, www.touristik-palette-hude.de, zum **Urwald Hasbruch**: www.hasbruch.de, **Museum Kloster Hude**, Hurreler Str., 27798 Hude, ☎ 04408-1716, www.klosterhude.de, **Skulpturenufer**, Wanderweg am Huder Bach, 27798 Hude, www.wolf-e-schultz.de

Oldenburg

Allgemeine Auskünfte

Touristinfo // Ticketshop Oldenburg, Schloßplatz 16, 26122 Oldenburg, ☎ 0441-36161366, www.oldenburg-tourismus.de

Museen

Edith-Ruß-Haus für Medienkunst, Katharinenstr. 23, 26121 Oldenburg, ☎ 0441-2353208, www.edith-russ-haus.de, **Horst-Janssen-Museum**, Am Stadtmuseum 4-8, 26121 Oldenburg, ☎ 0441-2352891, www.horst-janssen-museum.de, **Landesmuseum für Kunst und Kulturgeschichte**, Schloss, Augusteum und Prinzenpalais, Damm 1, 26135 Oldenburg, ☎ 0441-2207300, www.landesmuseum-oldenburg.niedersachsen.de, **Landesmuseum Natur und Mensch**, Damm 38–44, 26135 Oldenburg, ☎ 0441-9244300, www. naturund mensch.de, **Stadtmuseum Oldenburg**, Am Stadtmuseum 4-8, 26121 Oldenburg, ☎ 0441-2352881, http://stadtmuseum. oldenburg.de

Literatur

Archäologische Denkmäler zwischen Weser und Ems. Oldenburg 2000 – Ausgegrabene Vergangenheit. Meppen 1988 – Fansa, Mamoun: Großsteingräber zwischen Weser und Ems. Oldenburg 2000 – Fansa, Mamoun / Landesmuseum für Natur und Mensch, Oldenburg (Hg.): Vom Eise befreit. Geest. Reiche Geschichte auf kargem Land. Oldenburg 2002 – Führer zu archäologischen Denkmälern in Deutschland. Bd. 31. Stadt und Landkreis Oldenburg. Stuttgart 1995 – Führer zu vor- und frühgeschichtlichen Denkmälern. Das Osnabrücker Land III. Mainz 1979 – Grütter, Tina: Melancholie und Abgrund. Berlin 1986 – Handbuch der Deutschen Kunstdenkmäler. Bremen, Niedersachsen. Darmstadt 1977 – Häßler, Hans-Jürgen (Hg.): Ur- und Frühgeschichte in Niedersachsen. Stuttgart 1991 – Korn, Wolfgang: Megalithkulturen. Rätselhafte Monumente der Steinzeit. Stuttgart 2005 – Leben, Glauben, Sterben vor 3000 Jahren. Hg. von Günter Wegner. Oldenburg 1996 – Liebers, Claudia: Neolithische Megalithgräber in Volksglauben und Volksleben. Frankfurt/Main 1986 – Meiners, Uwe (Hg.): Suche nach Geborgenheit. Oldenburg 2002 – Meyer, F.J.L.: Darstellungen aus Norddeutschland. Reprint Kiel 1977 – Peter-Röcher, Heidi: Mythos Menschenfresser. München 1998 – Picardt, Johan: Korte Beschryvinge van eenige Vergetene en Verborgene Antiquiteten der Provintien en Landen gelegen tuschen de Nord-Zee, de Yssel, Emse en Lippe. Amsterdam 1660 – Regionaler Fundamentalismus? Hg. Vom Museumsdorf Cloppenburg. Oldenburg 1999 – Schirnig, Heinz (Hg.): Großsteingräber in Niedersachsen. Hildesheim 1979 – Sprockhoff, Ernst: Atlas der Megalithgräber Deutschlands. Bd. 3: Niedersachsen und Westfalen. Bonn 1975 – Versunkene Dörfer. Zum Kenntnisstand des ur- und frühgeschichtlichen Lebens im Emsland. Meppen 1991 – Wulf, Friedrich-Wilhelm/Schlüter, Wolfgang: Archäologische Denkmale in der kreisfreien Stadt und im Landkreis Osnabrück. Hannover 2000 – Zehm, Bodo: Von Schätzen und Scherben. Bramsche 1997

Abbildungsnachweis

Alle Abb.: Annette Bußmann, außer Emsland Touristik GmbH: S. 60, 63, 66 (Birgit Janknecht), 54, 55, 67, 72 – Fansa (2002): S. 9, 12, 16, 18 (nach J.H.F. Bloemers 1981), 93, 102 – Andreas Hänel: S. 35 – Axel Hartmann: S. 8, 88, 96 – Landesmuseum Hannover: S. 27 (nach H. Piesker 1958) – Helge Holz: S. 29 – Rainer Kiedrowski S. 30 – Oldenburg Tourismus und Marketing GmbH: S. 83, 84 – Hermann Pentermann: S. 45 – Römisch-Germanische Kommission des Deutschen Archäologischen Instituts: S. 35 (nach Sprockhoff 1975), 50 – Dieter Schinner: Titelbild (Großsteingräber bei Hekese) sowie S. 31, 42, 50 – Schirnig (1979): S. 23 (nach Bahnson) – Stadt- und Kreisarchäologie Osnabrück: S. 14, 15 – Stadtmuseum Oldenburg: S. 24 – Marianne Steinkamp: S. 22, 81, 86, 96 (oben), 98 – Hartwig Wachsmann: S. 34, 52, 70 – Bodo Zehm: S. 14 (Zeichnung: Anna-Maria Hoppe) – Zweckverband Naturpark Wildeshauser Geest: S. 82, 90, 93, 94, 100, 101

Orts- und Stationsregister[1]

[1] Kursive Seitenzahlen verweisen auf Abbildungen